# Hexenspruch und Zauberbann

Hermann Frischbier

# Hexenspruch und Zauberbann

## Geschichte des Aberglaubens

Weltbild

Unveränderter Nachdruck der Ausgabe des Verlags
Th. Chr. Fr. Enslin (Adolph Enslin), Berlin 1870,
für Verlagsgruppe Weltbild GmbH, Steinerne Furt,
86167 Augsburg
Umschlaggestaltung: Studio Höpfner-Thoma, München
Umschlagmotiv: AKB, Berlin
Gesamtherstellung: Clausen & Bosse GmbH,
Birkstraße 10, 25917 Leck

Printed in Germany

ISBN 3-8289-0792-X

2006    2005    2004    2003

Die letzte Jahreszahl gibt die aktuelle Ausgabe an.

Einkaufen im Internet: *www.weltbild.de*

# Vorwort

Jakob Grimm sagt in der zweiten Ausgabe seiner »Deutschen Mythologie« (S. 1180): »Eine umsichtige Sammlung der Besegnungsformeln, die zu manchen Ausschlüssen leiten müßte, scheint jetzt (1844) noch nicht an der Zeit, da sie zerstreut und aus dem Munde des Volkes oder den Hexenprozessen erst langsam zu gewinnen sind.«

Auch heute, ein Vierteljahrhundert nachdem der große Meister diese Worte schrieb, fehlt nicht nur »die umsichtige Sammlung«, – es sind bisher auch beim Ausbau ihrer Grundlage verhältnismäßig nur wenige Arbeiter tätig gewesen.

Der Grund für diese scheinbare Lauheit liegt nahe: die Zauberformeln und Hexensprüche entziehen sich scheu dem Auge des Forschers und nur durch günstigen Zufall geraten sie in die Hände des Sammlers.

Die vorliegende kleine Sammlung abergläubischer Formeln und Gebräuche verdankt ihr Entstehen solch günstigen Fügungen. Wie meine früheren Arbeiten ist auch sie wesentlich aus dem Material geformt, das mir von Lehrern, die ja mit dem Volke in unmittelbarster Beziehung und Wechselwirkung stehen, im Laufe der Jahre bereitwillig zur Verfügung gestellt worden ist. Daß ich sodann den hierhergehörigen gedruckt vorliegenden Stoff zur Vervollständigung und Abrundung der Sammlung mit benutzte, war geboten im Interesse der Sache, welcher das Werk dienen will; die Schriften, aus denen ich entlehnte, sind stets gewissenhaft angeführt.

Das Büchlein will, wie auf dem Titel angegeben, einen Beitrag zur Geschichte des Aberglaubens in der Provinz Preußen liefern; es würde mich hoch erfreuen, wenn Kenner es in die

Reihe der Schriften stellen könnten, welche die Grundlage bilden helfen zu jener »umsichtigen Sammlung«, von welcher Grimm redet und die, nachdem des Meisters Hand vom Werke gesunken, von der fortschreitenden Wissenschaft geliefert werden wird, sollten wir auch noch lange auf sie zu warten haben.

An alle Freunde des Volkstums unserer Provinz wiederhole ich meine oft ausgesprochene Bitte, mich in der Sammlung der preußischen Volksüberlieferungen auch ferner freundlichst unterstützen zu wollen. Möchten recht viele sich berufen fühlen, durch geeignete Beiträge meine Sammlungen zu ergänzen und zu erweitern. Zunächst kommt es darauf an, die *Sammlung von Provinzialismen*, für welche ein recht umfangreiches Material bereits vorhanden ist, zum Abschlusse zu bringen; sodann aber bedürfen auch *die Ansichten und Meinungen des Volkes* (der Bauern, Hirten, Jäger, Fischer) *über Tier und Pflanze, wie über die Natur und ihre Erscheinungen überhaupt*, einer gründlichen Erforschung.

Ich kann mein kurzes Vorwort nicht schließen, ohne den lieben Kollegen, welche mich mit treuer Ausdauer bis jetzt durch ihre Beiträge unterstützten, für diese Mühwaltung herzlichen Dank zu sagen; namentlich bin ich den Herren *Hilberger* in Dönhoffstädt und *Schimmelpfennig* in Fischhausen in dieser Beziehung besonders verpflichtet. Von Letzterem rühren zahlreiche Beiträge aus dem Samlande und die wesentlichsten Mitteilungen über den Hirten her. Sodann habe ich noch Herrn *Brüß* in Neudorf bei Graudenz besten Dank zu sagen für die aus jener Gegend mitgeteilten Formeln, die aus dem Wissensschatze des dortigen Hirten stammen.

Und so sei denn auch dieses Büchlein, das der Herr Verleger so freundlich ausgestattet, der wohlwollenden Teilnahme aller Freunde des Volkstums in Heimat und Ferne bestens empfohlen.

Königsberg, 27. Januar 1870.

H.F.

6

# Verzeichnis der Schriften,

welche in Abkürzungen zitiert sind.

Hintz = *Die alte gute Sitte in Altpreußen.* Ein kirchlich-soziales Sittengemälde, aus amtlichen Berichten zusammengestellt von *E.G. Hintz*, Pfarrer in Pobethen. Königsberg, 1862.

*Müllenhoff* = Sagen, Märchen und Lieder der Herzogtümer Schleswig. Herausgegeben von *Karl Müllenhoff*. Kiel, 1845.

*Pisanski* = Von einigen Überbleibseln des Heidentums und Papsttums in Preußen (abgedruckt in: Wöchentliche Königsbergische Frag- und Anzeigungs-Nachrichten. **Anno 1756.** Nr. 21–25).

*Pr. Pr.-Bl. und N. Pr. Pr.-Bl.* = Preußische (resp. Neue Preußische) Provinzial-Blätter. Königsberg, 1829 ff.

*v. Tettau und Temme* = Die Volkssagen Ostpreußens, Litauens und Westpreußens. Gesammelt von *W. J. A. von Tettau* und *J.D.H. Temme*, Berlin 1837.

*Töppen* = Aberglauben aus Masuren mit einem Anhang, enthaltend Masurische Sagen und Märchen. Mitgeteilt von Dr. W. Töppen. Zweite Auflage. Danzig, 1867.

*Vom Aberglauben* = Vom Aberglauben, welcher bei dem gemeinen Landvolk anzutreffen ist. Von einem Landpfarrer. Pr. Prov.-Bl. **VIII,** S: 186 ff. (Die Gegend, aus welcher die Mitteilungen stammen, ist »der kleine Umkreis auf der Landstraße zwischen den Städten A–g. und S–p.« – Angerburg und Goldap).

(Die *»Preußischen Sprichwörter«* sind nach der zweiten Auflage, Berlin 1865, angeführt).

# Inhalt

# Hexenspruch
## und
# Zauberbann.

## Vom Verrufen und Behexen.

Tewern, Zanteln, Zanzeln, d. h. *Zaubern*, ist Naturanlage und Kunst zugleich. Manche Menschen scheinen zur Zauberei prädestiniert – oder werden wenigstens dafür gehalten –, während andere diese »Teufelskunst« sich erwerben oder als Erbschaft übernehmen. Freche Gottlosigkeit stattet sich mit sündhaftem Mute auch selbständig aus, indem sie die im heiligen Abendmahl empfangene Hostie unterschlägt und das geweihte Brot als Zaubermittel gebraucht*).

Hat auch der Glaube an Zauberei und Hexenkunst in der ausgebildeten Weise früherer Zeit sich verloren; huldigt auch der Mann des Volkes nicht mehr dem Blocksberg-Kultus; belächelt er selbst die wunderbaren Erzählungen von der proteusähnlichen Gestaltungskunst der Hexen**): – die bekannte Äußerung des Zauberns, welche man allgemein *das Verrufen* nennt, ist dennoch in allen Schichten der Gesellschaft mehr oder weniger noch gefürchtet.

*) Solche Diebstähle an heiliger Stätte geschehen heute noch und ist somit *Pisanski's* Klage (Nr. 24, § 13): »Eine entsetzliche Bosheit hat zuweilen einige dahin verleitet, die im h. Abendmahl empfangene Oblate zu dieser verruchten Absicht zu gebrauchen« noch nicht gegenstandslos geworden.

**) Die Hexen hielten auch in Preußen auf sogenannten Blocksbergen ihre nächtlichen Versammlungen; ein solcher lag unter anderen bei Pogdanzig im Schlochauer Kreise. Zweimal des Jahres, auf Volbrecht (Walpurgis) und Johannis, versammelten sich dort Männer und Weiber. Sie ritten meistens auf einer Gerstel, einem Werkzeuge, dessen man sich bedient, um das Brot in den Ofen zu schieben, oft auch auf einem schwarzen dreibeinigen Pferde dorthin, und zwar durch den Schornstein und mit den Worten: »Auf und davon und nirgends an!« Wenn alles zusammen war, ward

## Wie das Behexen geschieht.

Das *Verrufen* kann in mannigfachster Weise geschehen, ja ohne alle Absicht erfolgen. Ein kräftiges, gesundes und hübsches Kind wird *verrufen*, wenn man es zu sehr bewundert – es verkümmert nachher. Schönes Jungvieh wird man nicht großziehen, wenn man sich sehr über dasselbe freut oder es

---

gespeist und dann auf einer gespannten Leine unrechts (linksherum) getanzt, wozu ein alter Mann auf einer Trommel und einem Schweinskopfe musizierte.

Zu der Fähigkeit zu hexen gelangte man hauptsächlich durch den Besitz eines Geistes. Diese Geister, welche meistens die Namen Luzifer, Nickel, Firley, Dribulte, Chim, Klaus etc. führen, waren zuweilen als schwarze Katzen, als Mistkäfer, als schwarze Hündchen, sehr oft auch als Viferitzen (Eichhörnchen) gestaltet, bei der Ausfahrt auf den Blocksberg auch als Böcke; die der Männer waren weiblichen, die der Weiber männlichen Geschlechts, des Buhlens wegen. Erworben wurden sie bald durch Kauf, bald durch Schenkung; ja man gab sie den Töchtern als Ausstattung mit. Wer einmal einen solchen Geist besaß, konnte sich seiner nicht entledigen, er fand denn jemand, der ihn abnahm; warf er ihn sonst fort, so hatte er zu besorgen, daß der Geist ihn selbst beschädige. Manche besaßen auch zu gleicher Zeit mehrere Geister. Der Kaufpreis war meistens ein bis drei Gulden preußisch (10 Sgr bis 1 Thlr.) Die Überlieferung erfolgte gewöhnlich in einem »Dunk Hede« eingewickelt in einem Kober.

Die Geister wurden nun teils dazu gebraucht, um die Gebieter mit Geld, Lebensmitteln etc. zu versorgen, teils um dieselben an ihren Feinden zu rächen, auch um ihnen zu hinterbringen, wie es anderswo hergehe. Auf Befehl des Herrn töteten sie Menschen und Vieh. Sollte jemand gelinde fortkommen, so flogen die Geister ihm an die Füße und machten ihn lahm. Dafür mußte der Gebieter sie füttern, gewöhnlich mit Milch und ähnlichen Speisen, zuweilen aber auch mit Hostien. Hin und wieder überwarfen sich die Geister mit ihren Besitzern selbst und flogen dann Letzteren an die Füße, was dann die Folge hatte, daß diese von Stund an hinkten, ohne daß sie davon hätten geheilt werden können. (v. Tettau und Temme, S. 263 f.)

Als Hexenberg galt auch ein Hügel unweit des Kirchdorfes Pobethen im Samlande, der *Butzkeberg*. (Pr. Pr.-Bl. **XXVI**, S. 433.)

16

gar lobt (N. Pr-Pr.-Bl. I, S. 36). Auch kann Vieh sehr leicht verrufen werden, wenn man viele Personen in den Stall läßt, um diesen die Schönheit der Tiere zu zeigen; sicher geschieht es, wenn ein altes Weib in den Stall tritt, die Tiere streichelt und dabei sehr lobt. *(Littauen.)*

Beschreibt man das körperliche Gebrechen eines andern, z. B. eine Wunde, ein Geschwür, so darf man an seinem eigenen Leibe die betreffende Stelle nicht mit dem Finger zeigen, weil man dadurch dasselbe Übel an sich ziehen würde. Tut man es dennoch, so muß man dabei die Worte sprechen: »Keinem Menschen zugemessen!« und man bleibt verschont.

*(Dönhoffstädt.)*

Gefährlicher schon ist der *böse Blick*. Mancher Mensch hat solche Augen, daß er alles, was er ansieht, verderben und töten kann. *(N. Pr. Pr-Bl. I, S. 36 und S. 391f.).*

Boshaft ist das *absichtliche Verrufen*. Der Verrufene hat die Absicht, dem Menschen oder Tier an Leib und Leben zu schaden, und mannigfach sind die Zaubermittel, deren er sich zu diesem Zwecke bedient.

Es geschieht zunächst durch *Verbeten*. Dieses erfolgt in der Weise, daß die Person, welche andere dadurch krank zu machen oder gar zu töten gedenkt, drei Sonntage hintereinander hinter dem Altar betet, teils gewisse Lieder, teils einen Fluchpsalm – dann auch eine Kleinigkeit auf dem Altare opfert. Das herabgebetete Elend stellt sich wirklich ein, wenn der Betende nicht durch irgendeine Anrede gestört wird*). – Der Psalm muß rückwärts gebetet oder gelesen und hinter jedem Verse der Name des Gegners genannt werden.

*(v. Tettau und Temme, S. 267).*

Ein ähnliches Mittel ist das *Totsingen*. Der Verhaßte stirbt gewiß, wenn man ein bestimmtes geistliches Lied ein Jahr lang morgens und abends singt. *(Töppen, S. 40).*

---

*) Vgl. Pr. Prov-Bl. X, S. 594, wo ein derartiges Verbeten durch eine Hirtenfrau als Gegenstand einer gerichtlichen Klage näher besprochen ist.

In Litauen gab es eine Art Zauberer, die den Namen Szynys führten, und die, wenn sie von einem Menschen ein Hemd oder ein anderes Kleidungsstück bekommen konnten, machten, daß er vertrocknete oder aufschwoll oder Reißen in seinen Gliedern bekam, so daß er nicht bei Nacht, nicht bei Tage Ruhe hatte, bis er hinstarb. Vermochten sie aber kein Kleidungsstück zu erhalten, so suchten sie auf dem Wege, wo der, dem sie schaden wollten, gegangen, die Spur seines Fußes auf, schnitten solche, samt der sie umgebenden Erde aus und begruben sie unter allerhand Beschwörungsformeln, wodurch sie bewirkten, daß derselbe bald, nach längerer oder kürzerer Qual starb.

*(v. Tettau und Temme, S. 267).*

Krankheiten hext man seinen Feinden dadurch an, daß man ihnen bezauberte Haare nachwirft, oder solche vor eine Tür hinstreut, durch welche der zu Beschädigende hindurch gehen muß. Erde, von einem Scheidewege unter Beschwörungsformeln und Anrufung des Teufels entnommen, dient zur Verhexung des Viehs und der Milch; ferner Tränke von bestimmten Kräutern, Kränze, in welche Schlangen und Kröten hineingeflochten sind.

*(v. Tettau u. Temme, S. 265).*

Das *Beschütten* ist ein ferneres Mittel der Verzauberung. Es geschieht mit einem gewissen Pulver, und erzeugt dieses einen Ausschlag, eine Art Flechte auf Händen und Füßen, welcher *Beschüttung* heißt. Das Pulver ist der Staub einer verbrannten schorfigen Kröte, wird aber auch vermittelst der geraubten Hostie gewonnen, welche man über einem Stück Brot aufhängt. Das aus derselben herabträufelnde Blut Christi gibt eben dem pulverisierten Brot die verrufene Kraft.

*(Töppen, S. 38).*

Nicht minder wirksam ist die *Berührung*, das *Handauflegen*. Es wirkt vorzugsweise bei abnehmendem Monde und an Feiertagen und muß dreimal wiederholt werden. Das zu verrufende Glied wird mit der Hand überstrichen und dabei gesprochen:

Dies tue ich für Schweine, für Haare und für Haut,
Für Fleisch und Blut, für Adern, Mark und Bein,
Ich decke es zu mit meiner Hand
Und überstreiche das Glied, daß es verlahmt!

(Neudorf bei Graudenz.)

Auch durch bloßes *Anhauchen* vermag der Zauberer das Glied eines Körpers zu schädigen. Oft aber läßt derselbe auch, was er einem anderen Menschen antun will, mit dem *Winde* auf ihn angehen. *(Töppen, S. 38).*

Wer im Besitz eines *Lappens* ist, mit welchem eine Leiche abgewaschen wurde, vermag durch diesen, Menschen und Vieh etwas anzutun. Ebenso kann man mit dem *Abwaschwasser* dem Nachbarn das Vieh behexen. Man kocht in dem Wasser eine Kröte und gießt es dem Vieh ein, indem man noch eine Zauberformel »betet«. (Samland.) Gießt man dieses Totenwasser vor die Tür eines anderen, so wird der Erwerb des betreffenden Hauses tot gelegt\*).

Böswillige Menschen bewahren sich *Schoten*, welche neun Erbsen enthalten, um durch diese den Fuhrwerken ihrer Nachbarn zu schaden. Man darf nämlich eine solche Schote nur über das fremde Fuder werfen und es muß, selbst auf dem ebensten Wege umwerfen. *(Ermland.)*

Die *Maiblume* (**Convallaria majalis**) unter die Schwelle des Kuhstalles eines Feindes gesteckt, verhext dessen Kühe und deren Milch. (Ermland.) – In Littauen wirft man zu gleichem Zwecke faule Eier in den Stall oder hängt vor die Tür desselben zwei alte Strauchbesen über Kreuz.

Gelingt es, von der Wäsche eines anderen, die während der Zwölften noch nach Sonnenuntergang draußen gehangen, etwas zu entwenden, so kann man, benutzt man ein Stück davon als Sieblappen, dem Eigentümer der Wäsche sämtliche Milch seiner Kühe entführen. *(Samland.)*

---

\*) In Königsberg noch im Jahre 1867 ausgeübt. Vgl. Ostpreuß. Ztg. Nr. 129 vom 5. Juni 1867 unter Lokalnachrichten.

Würde eine Melkerin einem unberufenen Frager die Quantität der gewonnenen Milch nach bestimmtem Maße angeben, so könnte sie dadurch beitragen, daß der Segen der Kuh verrufen würde. *(Dönhoffstädt).*

Um in die Ehe eines jungen Paares Zank und Zwietracht zu bringen, läßt man zwei an den Schwänzen zusammengebundene *Katzen* den zur Kirche ziehenden Brautleuten über den Weg laufen, oder wirft ihnen mit dem *Besen* nach. (Töppen, S. 88). Im Samlande nimmt derjenige, der dem jungen Paare nicht wohl will, ein *Schloß* in die Kirche mit, schließt dieses, während das Ja ertönt auf und vergräbt alsdann den Schlüssel. So lange, bis Schloß und Schlüssel wieder zusammen kommen, herrscht Zwietracht unter den Eheleuten.

Gar gerne pflegt man den Ertrag des Ackers anderer zu mindern. Streut man hinter dem Säemann drei Hände voll Erde aus, so baut er schlechtes Getreide. (Soldap.) Knüpft man in das Säelaken eine beim h. Abendmahl zurückbehaltene Oblate, so bewirkt man dadurch, daß das Korn von anderer Leute Acker auf den eigenen kommt. (Bericht über den Conitzer Hexenprozeß vom J. 1623. Pr. Pr.-Bl. II, S. 133. f.)

Als den zum Zaubern geeignetsten Tag bezeichnet man den *Donnerstag.* *(Marggrabowa, Dönhoffstädt).*

### Woran man erkennt, daß Menschen oder Vieh behext sind.

Es hält nicht schwer, zu gewahren, ob wir selbst, unsere Kinder oder unser Vieh verhext, verrufen sind. Die frischesten Kinder fangen an zu quimen, d. h. dahinzuwelken, das gesundeste Vieh kränkelt, wenn es verrufen ist; durch Zauberspruch verrufene Menschen und Tiere bekommen ein Zittern in den Gliedern, so daß sie weder gehen noch stehen können, auch bricht ihnen heftiger Schweiß aus. Will man erfahren, ob ein ungetauftes Kind verrufen sei, so braucht die Mutter nur mit der Zunge über seine Stirne zu fahren: – zeigt sich ein salziger Geschmack, so ist die Verrufung außer Zweifel. Verrufene Kinder weinen heftig.

Wenn die Milch, noch während sie süß ist, schon gerinnt und lang wird, so ist die Kuh verhext. (Wehlau). Das Gleiche gilt, wenn eine sonst gute Kuh mit einem Male nur wenige oder rötliche Milch gibt, oder wenn diese – was übrigens oft genug vorkommt – nach Kuhdünger riecht. Verhext ist das Vieh, wenn es plötzlich erkrankt. *(Littauen.)* *)

## Wie man sich gegen das Behexen sichert.

Es bedarf wohl keiner besonderen Auseinandersetzung, daß der gewitzte Volksgeist es verstanden hat, der böswilligen Hexe ein Schnippchen zu schlagen. Das Volk kennt daher mehrfache Mittelchen, durch welche es sich und seine teuren Besitztümer gegen das Verrufen sichert.

Spricht man über das blühende Aussehen, die Gesundheit eines andern, so fügt man dem Lobe sogleich die Worte an: *»Nicht zu verrufen! Gott segen'! Gott stärk'!«* Müttern und Wärterinnen gibt man den Rat, wenn ein kleines Kind von einem Fremden als schön gepriesen wird, still vor sich hin zu murmeln: *»Leck ihm neun und neunzig Mal im A.!«* und dies so lange zu wiederholen, als das Lob andauert. (Creuzburg). In Königsberg sagt man: *»Gestern war es besser!«* oder: *»Knoblauch, Hyazinthenzwiebel, dreimal weiße Bohnen!«* In der Wehlauer Gegend heißt es: *»Hei (Sei) hesst ok e Lochke öm A.«*

Trägt man Strümpfe, Handschuhe, das Hemd etc. *verkehrt,*

---

*) In letzterer Zeit sind die Bewohner der Provinz sehr häufig durch Bärenführer geprellt worden, welche vorgaben, ihre Tiere seien im Stande, die Hexerei zu wittern. Ist der Stall verhext, so geht der Bär nur gezwungen hinein – welche Weigerung regelmäßig erfolgt. Nun wird Preis gemacht, um welchen der Bärenführer den Zauber entfernt. Es sind **1** bis **10** Taler gezahlt worden. Die Bannung des Zaubers gelingt jedesmal: der Bär geht zum Beweis, daß der Stall nunmehr vom Zauber rein, ohne Zaudern in denselben.

d. h. auf die linke Seite gewendet, so kann man nicht verrufen, verhext werden. In Kinderhemdchen pflegt man daher ein Ärmelchen verkehrt einzusetzen oder an irgendeinem Kleidungsstück eine Naht verkehrt zu nähen.

Knoblauch, im Volksmunde Knoffeldook, ist ein treffliches Mittel gegen alle Hexerei. Man trägt ihn daher bei sich und gibt ihn auch dem Vieh.

Geht es mit dem Kind zur Taufe, so steckt die Hebamme, um das Kind vor Verrufung zu bewahren, in das Taufzeug einen Feuerstahl und etwas Schwefelfanden. (Natangen). Im Samlande gibt man dem Kind ein Bündelchen mit neunerlei Wunderkräften (Tarant, Baldrian, Kreuzkümmel, Teufelsdreck, Knoblauch, Salz, Brot, Stahl und Geld) in die Kirche mit, läßt es dort stillschweigend mit besegnen und bewahrt es dann auf. Das Kind kann nun nie behext werden und hat dereinst Glück in allen seinen Unternehmungen. Auch muß die Person, welche das Kind zur Taufe trägt, über eine Axt und einen Besen, welche man vor die Tür der Stube legte, schreiten und zwar mit dem rechten Fuß zuerst.

Will man der Hexe und dem Teufel jede Macht über sich auch während der Nacht nehmen, so muß man beim Schlafengehen die Schuhe nicht mit der Spitze unter das Bett, sondern nach auswärts gewandt stellen.*). Es würde sonst der Teufel oder der Mar sie anziehen und uns peinigen.

Wenn man eine Frau kommen sieht, von der man meint, sie sei eine Hexe, so wirft man den Besen vor die Tür hin; dann kann sie nicht hinein.                    *(Töppen, S. 39)*.

Da, wie angegeben, der Donnerstag der den Zauberern günstigste Tag ist, so darf an demselben nach dem Abendbrot nicht mehr gesponnen werden.

Dem Landmann ist es vorzugsweise darum zu tun, sein *Vieh* vor allem bösen Zauber zu behüten. Wird es gelobt, so heißt es ähnlich wie beim Lobe der Kinder: *»Du kannst ihm im*

---

*) v. Tettau und Temme geben S. 275 die Stellung gerade umgekehrt an.

22

*A. lecken!*« ja man wird oft in unhöflicher Weise zum Stall hinauskomplimentiert.

Damit der Zauberer keine Macht über das Vieh habe, macht man am St. Johannistage (24. Juni) vor Sonnenaufgang auf die Tür des Stalles drei Kreuze mit einem Teerpinsel. (Jerrentowitz, Dönhöffstädt). Im Ermlande zeichnet man an diesem Tage mit einem vom Priester geweihten Stück Kreide einen Kranz an die Tür des Viehstalles, während man im Samlande, wo möglich mit dauerhafter Ölfarbe, Kreuze an allen Türen malt, damit der Hexe jede Macht benommen werde. (N. Pr. Pr.-Bl. **VI**, S. 230, Nr. 121). In Littauen wird zu gleichem Zweck ein Kreuz an jede Stalltür gezeichnet. Ferner wird aus neunerlei Blumen ein Strauß gebunden und oben in denselben ein Dornstrauß gesteckt. Dieser Doppelstrauß wird mit zwei Glöckchen an einem Zaun im Dorf befestigt. Wenn die Hexe kommt, setzt sie sich auf die Dornen und kann nicht herunter.

Der Johannistag ist überhaupt für den Landmann sehr bedeutungsvoll, und namentlich ist's der Abend, der ihm grosse Sorge macht. Am Johannisabend treiben die Hexen vorzugsweise ihr Wesen, wie am Christabend. Daher die schützenden Kreuze; auch wird Stahl in die Krippen oder die Stalltür gelegt; das Vieh aber wird mit Strängen von Bast angebunden, denn »*Bast – hölt fast* (hält fest)!« sagt die Hexe. – Ferner versäumt es der Landmann nicht, an demselben Abend Bilsenkraut, Kletten, Beifuß, Baldrian, Koriander oder Dill unter das Dach oder in die Pfosten des Stalles zu stecken, den Kühen Kerbel oder Kalmus zu geben und ihre Hörner und Euter mit Fenchel zu bestreichen. Auch pflegen in jeder guten Wirtschaft noch vom ersten Pfingstfeiertage her drei große Äste Laub über dem Eingang des Stalles zu stecken, und bilden diese die trefflichsten Wächter. Die eintretende Hexe muß nämlich sämtliche Blätter an den Ästen zählen, und oft ereilt sie die abrufende Mitternachtsstunde, ehe sie dieses Werk vollbracht hat.

Wichtig ist es, sich die sogenannten Johanniskräuter zu verschaffen. Diese müssen jedoch (nach Pr. Pr.-Bl. **VI**, S. 228, Nr. 113) den 23. Juni gesammelt worden sein, wenn sie wirken sollen. Als solche gelten dem Volke: die Ragwurzarten, die Orchisarten (Bullenbeutel und Kuheuter genannt), Wiesenknöterich, Baldrian, Hahnenfuß u. a. Die Wurzeln dieser Kräuter werden fein zerhackt, mit Gerstenmehl verknetet und in Pillen geformt, von welchen jeder Kuh neun Tage vor Johanni*) drei eingegeben werden. – Nach den N. Pr. Pr.-Bl. X, S. 119, Nr. 194 zählt man zum Johanniskraut: Nachtschatten, Nachtlilie (Orchis), Christi-Wundenkraut (*Hypericum perforatum*), Alant (*Inula*), Larant (*Gentiana Pneumonanthe*), Udrano (*Glechoma hedreracea*), Liebstock, Besenmill (Beinmill, *Symphitum*?) etc. Sieben, neun oder dreizehn solcher Kräuter nimmt man zusammen, streicht damit den Rücken jeder Kuh in's Kreuz und gibt ihr eine Handvoll ein; dann hat die Hexe keine Macht, die Milch zu benehmen.

Wie schon gesagt, ist der heilige Christabend, mit welchem die Zwölften beginnen, gleichfalls ein den Hexen und ihrem Wesen besonders günstiger Zeitpunkt. Der kluge Bauer streut, um dem Zauber zu begegnen, sobald die Sonne untergegangen, Salz in den Stall und in die Krippen, schreibt Kreuze an Stall- und Haustüren, schneidet auch solche in die Bordschaben, welche sich über den Stalltüren befinden, und verwahrt Häckselmesser und sämtliches Schneidewerkzeug. Er tut dies, damit kein anderer, der etwa die Bordschaben entwendet, sie mit dem Häckselmesser zerschneiden könne. Gelänge einem feindlichen Nachbar solches und verfütterte er das zerschnittene Dachstroh an sein Vieh, so würde dieses gedeihen, das Vieh des Bestohlenen jedoch vermagern. Ferner legt man eine Axt von innen vor die Stalltür: – die Hexe kann nicht über Stahl schreiten. Die Sielen und Zäume werden ebenfalls in's Haus genommen; letztere legt man unter den Tisch und läßt sie dort während der Zwölften liegen, damit die Pferde im Frühjahr beim Weidegang sich zusammenhalten.

*(Samland).*

--------

*) Neun Tage vor Johanni und vor dem Christabend sollen die Hexen bereits ihr Wesen beginnen.

Geschützt ist das Vieh gegen jeden Zauber, wenn man an beide Pfosten der Stalltür Blätter nagelt, worauf man Nachfolgendes geschrieben:

† A † C † S † M † S † C † V †
S † T † S † S † M † T † M † T † M
S † S † T † S † S † C † S † M †
S † C

### Das achte Gebot.

Du sollst nicht falsch Zeugnis reden etc.

*Jerem.* 18, 7 u. 8: Plötzlich rede ich wider ein Volk und Königreich, daß ich's ausrotten, zerbrechen und verderben wolle. Wo sich's aber bekehret von seiner Bosheit, dawider ich rede, so soll mich auch reuen das Unglück, das ich ihm gedachte zu tun.

*Buch der Weisheit*, 3, 1–3: Aber der Gerechten Seelen sind in Gottes Hand, und keine Qual rühret sie an. Von den Unverständigen werden sie angesehen, als stürben sie; und ihr Abschied wird für eine Pein gerechnet. Und ihre Hinfahrt für ein Verderben, aber sie sind im Frieden.

(Die Verse sind jedoch genau wie sie in der Bibel stehen abzuschreiben, sonst hilft es nicht. – Neudorf bei Graudenz. Eine Auslegung der Buchstabenformel war nicht angegeben, auch nicht angedeutet, ob die Reihenheilung richtig.)

Ist ein Stall derart versichert, so ist die Hexe ohnmächtig. Als einst eine alte Hexe von ihrer Tochter gebeten wurde, nach Milch zu gehen, sprach sie: *»Min' Dochter, da öff nutsch to kriege, alles öff bekriezt on bekarwelt!«* (Bekerbelt von Kerbel. Samland.) Im Ermlande dagegen können die Hexen aus einem Stricke Milch herausziehen und sich auf ähnliche Weise Butter verschaffen. Sie kommen also nie in Verlegenheit.

Wesentlich ist es, in welcher Weise neu gekauftes Vieh in den Stall gebracht wird. Führt man es nicht rückwärts, mit dem Hinterteile zuerst, »närschlings«, hinein, so kann es sehr leicht verrufen werden und gedeiht nicht. Gewöhnlich spricht man dabei: »Dat du magst wasse on gedeihe!«

*(Dönhoffstädt.)*

Hat man eine Kuh gekauft und schon bezahlt, so tut man gut, dem Verkäufer noch eine Kleinigkeit obenein zu geben und wären es auch nur wenige Pfennige. Es ist dies nötig, damit der Verkäufer nicht die Milch von der Kuh behalte, d. h., damit er nicht mache, daß die Kuh wenig oder gar keine Milch gebe.

Wenn man einer Kuh, die eben gekalbt hat, eine stählerne Nadel in's Horn schlägt, so ist sie gegen jeden Zauber gesichert.

Will man ein Füllen, ein Kalb, ein Lamm etc. vor jedem Zauber bewahren, so spricht man gleich nach der Geburt des Tieres:

Du kommst rauh auf die Welt wie ein Bär (Bar plattd.),
wer dir will Böses antun, der zähl' dir die Haar!

*(Bürgersdorf bei Wehlau. N. Pr. Pr.-Bl. VIII, S. 26.)*

Dann bindet man dem Tier ein rotes Band um den Hals und legt in das Gefäß, woraus es säuft, einen Stahl.

*(Samland.)*

Hat man auf dem Markte Milch gekauft, so tut man gut, auf dem Heimwege etwas Salz in dieselbe zu streuen: sie ist dadurch gesichert gegen den bösen Blick, das Verrufen mißgünstiger Leute.

*(Ermland.)*

Wie oben angegeben, kann man den Acker des Nachbarn verrufen, wenn man drei Hände voll Erde hinter dem Säemann ausstreut. Um solches unmöglich zu machen, säen viele Wirte bei Nacht oder doch vor Sonnenaufgang das erste Getreide. Als Schutzmittel gegen das Behexen oder Verrufen knüpft man in das Säelaken – und vorzugsweise geschieht dies in Littauen – Asa foetida, Knoblauch und einen Silbergroschen. Glaubt man seinen Acker dennoch vom Nachbarn bezaubert, so nimmt man von dessen besäetem Acker in das eigene Säela-

26

ken drei Hände voll Erde mit Samen, sprechend: *»Ich nehme meinen Plon*) zurück!«*

(Kr. Goldap.)

Führt der Pflüger die Zugochsen zum ersten Mal aus dem Stall, so tut er gut, dieselben über ein Tischtuch schreiten zu lassen, in welches er einen Stahl gehüllt. Die Ochsen sind dadurch gefeit gegen das Verrufen, und der Ertrag des Jahres wird ein reicher sein.

Mit Strenge muß auch darauf gehalten werden, daß in der Zeit der Zwölften (25. Dezbr. bis 6. Januar) nichts ausgeliehen werde, man würde sonst sein Vieh bedingungslos in die Hände der Hexen liefern.

---

*) *Plon*, pln., nach Mrongovius poln.-deutsch.Wörterb. Ertrag, Segen. Man nennt so auch den Erntestrauß, Erntekranz.

27

# Vom Zauberbann.

Haben wir bisher uns darüber unterrichtet, wie man sich gegen das Verrufen und Behexen sichert, so bleibt uns nunmehr übrig, festzustellen, wie man den Zauber aufhebt und nötigenfalls die Hexe zwingt.

Das kann im Wesentlichen auf zweierlei Weise geschehen; indem man die dazu nötigen Handlungen selbst vornimmt, also auch gegen das Verrufen und Behexen, wie gegen Krankheiten, Hausmittel anwendet, oder diese Handlungen durch eigentliche Beschwörer und Zauberer ausführen läßt. Zum Arzt nimmt der gemeine Mann nur in den allerseltensten Fällen seine Zuflucht; fast allgemein gilt der Grundsatz: Will der liebe Gott den Kranken nehmen, so wird ihm kein Arzt wehren – oder: Was der liebe Gott leben lassen will, wird nicht sterben!

Wenden wir uns zuerst den eben erwähnten Hausmitteln gegen das Verrufen zu.

Das Erste, was man, hält man sein Vieh für behext, zu tun hat, ist, daß man eine genaue Revision des Stalles vornimmt und alles Verdächtige aus demselben entfernt. Namentlich muß man die Schwelle untergraben. Findet man unter derselben Kohlen, Haare, Pflanzenwerk, Lappen etc., so ist das Zauberwerk und muß sofort entfernt, am besten verbrannt werden. Der Zauber würde sonst nicht aufhören. Faule Eier, die man im Stalle findet, trägt man auf's Feld, stellt sie auf die Spitze und zerschießt sie mittelst einer Flinte.

*(Littauen.)*

Ist die Milch einer Kuh verhext, so gießt man davon in eine Pfanne und bäckt die Milch über hellem Feuer. Bilden sich

29

Wolken, so werden dieselben stillschweigend, oder unter Anrufung der heil. Dreieinigkeit, kreuzweise mit einem Messer durchschnitten, so lange, bis die Masse ein festes Gebäcke geworden ist. Dieses stellt man in der Pfanne auf den Zaun, und läßt diese dort so lange stehen, bis der Inhalt von den Vögeln unter dem Himmel (die Hausvögel hält man ferne) aufgezehrt ist. Die Kuh gesundet und gibt wieder reichliche und gute Milch. *(Eydtkuhnen.)*

Man nimmt von der Milch des kranken Tieres ein wenig in ein Gefäß, geht bei abnehmendem Mondlicht auf einen Kreuzweg und gießt sie nach den vier Himmelsrichtungen unter dem Ausrufe: Das ist für dich, das für mich!

*(Littauen.)*

Man läßt ein fünfjähriges Mädchen Hede (nicht Flachs) spinnen. Das Gespinst wird auf dem Rücken des kranken Tieres ausgebreitet, und nun streicht man unter Anrufung des dreieinigen Gottes kreuzweise darüber hin. (Kinderweitschen im Kr. Stallupönen.)

Im Samlande nimmt man zur Heilung einer behexten Kuh »von sinem Eegene« (Koth), das aber auf der Erde liegen muß, scharrt davon in einen Scherben (man muß jedoch von sich und nicht nach sich scharren) und melkt, indem man die Zitzen der kranken Kuh kreuzweise faßt, Milch dazu. Die Masse wird mit einem struppigen Besen umgerührt und alsdann der Kuh davon eingegeben, zuerst gleich nach Sonnenuntergang, dann nach Sonnenaufgang und zum dritten Male wieder beim Untergang der Sonne. Ist dieses geschehen, so hängt man den Besen in den Rauchfang und läßt ihn dort dreimal 24 Stunden; darauf vergräbt man ihn in einen Düngerhaufen oder unter die Traufe. Man wird alsdann wieder in den Vollgenuß der Milch kommen. – So wie der Besen im Rauche mehr noch austrocknet als im Freien, so vertrocknet auch die Hexe. Sie wird krank und erholt sich erst dann wieder, wenn der Besen vertrocknet ist. Man kann an dem Erkrankten sehr leicht merken, wer die Kuh behext hat. Will man den Tod der Hexe, so darf man nur den Besen verbrennen; sobald das letzte Reis verkohlt ist, stirbt die Hexe.

Die verhexte Milch gießt man in ein Kochgefäß, worin gesottene Stecknadeln geworfen worden sind, setzt sie auf's Feuer und läßt sie kochen. Während des Kochens peitscht man die Milch mit Birkenruten, und wenn das geschehen ist, schüttet man sie in einen Lappen und hängt sie in den Rauchfang. Bald kommt jemand und will etwas leihen; das ist die Person, welche die Milch verhext hat. Das Erbetene wird ihr nicht gegeben, und so sieht sie sich genötigt, der Milch ihre vorige Güte wiederzugeben. Nach Pisanski (Nr. 23, § 8.) melkt man Kühe mit verhexter Milch durch die Öffnung eines Donnerkeils.

Ist ein Stück Vieh durch Verhexen gestorben, so nehme man das Herz des verendeten Tieres, stecke Nadeln in dasselbe und hänge es in den Rauchfang. Alsbald kommt die Hexe und bittet um das Herz, indem sie allerlei Gründe anführt, ihr Verlangen zu rechtfertigen. Verweigert man ihr aber das Herz, so geht sie unter Fluchen und Toben von dannen, denn ihr Herz leidet und schmerzt, als würde es auch von Nadeln gezwickt. Bald legt sie sich krank zu Bette und vergilt und vertrocknet auf ihrem Krankenlager wie das Rinderherz im Rauchfange. Nimmt man nach neun Tagen das Herz aus dem Rauchfange, so stirbt zu derselben Zeit auch die Hexe.

(Samland.)

In der Gegend um Jerrentowitz, im Kreise Graudenz, zwingt man die Hexe auf folgende Weise. Man nimmt nach Sonnenuntergang stillschweigend ein schwarzes Huhn, reißt es lebendig in Stücke und kocht es in einem neuen, ungebrauchten Topfe, dessen Deckel fest verklebt worden ist. Beim Kaufe des Topfes darf jedoch von dem geforderten Preise nichts abgedungen worden sein. Sobald das Huhn zu kochen anfängt, müssen Türen und Fensterladen fest verschlossen und alle Öffnungen im Hause, selbst die Schlüssellöcher, dicht verstopft werden. Außer der handelnden Person darf nur noch der behexte Kranke in der Stube gegenwärtig sein, doch darf zwischen beiden kein Wort gewechselt werden, auch darf der Beschwörende sich nicht von dem Huhn entfernen, sondern muß vielmehr ein sehr wachsames Auge auf den Topf haben, damit dieser nicht durch den Schornstein gestohlen werde; endlich darf er keine Furcht zeigen und sich durch nichts abschrecken lassen.

Bald klopft es an die Tür. Fragt der Beschwörende nach dem Begehr des Klopfenden, so wird er zur Antwort erhalten, man wolle den Kranken besuchen. Er muß die Person eine Zeitlang vor der Tür stehen lassen und erst auf wiederholtes Bitten, das immer dringlicher wird, ihr Einlaß gewähren. Die Haustür wird sofort wieder fest verschlossen, und hat der Beschwörende darauf zu sehen, daß die Hexe, denn diese ist eingedrungen, nicht früher als er in die Stube dringe, auch muß er sofort seine Stelle am Kamin wieder einnehmen. Die Hexe wird durch Bitten und zuletzt mit Gewalt zu erfahren wünschen, was er koche; sie ist entschieden zurückzuweisen, und hat nunmehr der Beschwörende die Hexe aufzufordern, den Kranken von dem Übel zu befreien, womit sie ihn belastet. Die Hexe wird die heiligsten Beteuerungen ihrer Unschuld aussprechen; er darf sich daran nicht kehren, sondern muß sie so lange züchtigen, bis sie den Kranken in seiner Gegenwart von dem Übel geheilt hat. Ist dies geschehen, so muß er der Hexe noch einen heftigen Schlag geben, daß sie blutet. – Die Hexe muß sich diese Behandlung gefallen lassen; denn würde das Huhn bis Sonnenaufgang kochen, so müßte sie unfehlbar sterben*).

Um die schädlichen Einflüsse des *bösen Blicks* zu heben, stellt man sich in Masuren vor das behexte Vieh und betet mit

---

*) Die »Neuen Elbinger Anzeigen« teilen aus Schönsee im Kreise Thorn unterm 13. Novbr. 1866 folgenden Vorfall mit, dem jedenfalls obige Behandlungsweise der Hexe zu Grunde liegt: Der Maler und Vergolder P. aus Kulm, welcher in der katholischen Kirche beschäftigt war, bildete sich ein, da er erkrankte und sein Angesicht anschwoll, von der Zimmergesellenfrau G. in Schönsee behext worden zu sein. Um sich hierfür zu rächen, lockte die Frau des Malers die G. in ihre Wohnung. Dort nun schlug das Ehepaar auf die Letztere unter dem Rufe: »Hexe, mach' mich wieder gesund!« so unbarmherzig mit einem Stocke und einer Eisenstange los, daß sie mehrfach verwundet, halb tot zu Boden sank. (Königsberger Hartungsche Ztg. Jahrgang 1866. Nr. 270. Erste Beilage.)

32

gefalteten Händen zuerst das Vaterunser, ohne jedoch Amen zu sagen. Sodann wird folgende Zauberformel dreimal gesprochen:

Tau fiel vom Himmel, vom Steine herab auf die Erde. Wie dieser Tau verschwindet, verschwand, in der Luft verwehet, so mögen auch die dreimal neun Zauber verschwinden, vergehen in der Luft und verweht werden!

Nach der dritten Beschwörung wird das Stück Vieh bekreuzt und endlich Amen gesagt. Diese Besprechung sichert sowohl vor dem bösen Blick (poln. Urzec), als sie auch die eingetretenen Folgen desselben heilt. (N. Pr. Pr.-Bl. III, S. 474. S. auch Töppen, S. 51.)

Verrufenen Kindern, die wie angegeben, viel schreien, beleckt man nach Pisanski (Nr. 22, §. 5) dreimal die Stirne (Vgl. S. 8) und murmelt dabei einige Worte her. – In Littauen gibt man solchen Kindern drei Blutstropfen ein, welche man aus dem linken Ohre eines schwarzen Schafes oder Lammes genommen: Ferner wendet man dort folgendes Mittel sehr häufig an: Man gießt dem kranken Kinde Bier in das Hemde an der Stelle, wo dieses das Herz bedeckt, läßt es eintrocknen, schneidet ein Stück in Gestalt eines Herzens heraus, brennt es zu Pulver und gibt dies, auf Wasser gestreut, dem kranken Kinde zu trinken.

Kranke Kinder versucht man in Littauen auch dadurch zu heilen, daß der Besprechende an drei Morgen nüchtern einen Mund voll Wasser nimmt und dieses im Namen des Vaters, des Sohnes und des heiligen Geistes in ein Glas speit. Dieses Wasser gibt man dem kranken Kinde zu trinken. Auch benutzt man dort Schwalbennester und Sperlingsmist als den Zauber bannende Mittel. (A. Freimund, Kritik des preuß. Volksschulwesens. Leipzig, 1869. S. 11, Note).

In der Gegend von Graudenz gibt man verrufenen Menschen Teufelsdreck (*Asa foetida*) und die 25 Buchstaben (s. Formel 2 bei: Biß des tollen Hundes) mit Brot neun Tage nacheinander ein. Dabei wird gebetet: Jesus Christus, Überwinder, wende ab den Teufelsfluch ec. –

33

Wie oben bereits angedeutet und im weitern Verlaufe der Darstellung mehrfach zu Tage getreten, spielt in fast allen Krankheiten die Hauptrolle der *Beschwörer*, der durch Wort und Handlung den Zauber bricht und die Krankheit hebt.

Wenn Pisanski (Nr. 24, §. 12) sagt: »Das sündliche *Segensprechen*, wodurch man insonderheit das Vieh für Schaden in Sicherheit stellen will ... wird noch hin und wieder von den Landleuten wo nicht offenbar, doch heimlich unternommen«, so war er sicher über die Ausdehnung dieses »Unfugs« in der Provinz nur unvollständig unterrichtet. Denn nicht nur »hin und wieder«, sondern fast allgemein wird heute noch, mehr denn hundert Jahre, nachdem Pisanski obige Worte niederschrieb, in der Provinz Preußen die *Besegnung* durch besonders *Wissende* ausgeübt. *Zaubersprüche* und *Rateformeln* sind in vollem Schwange – nur hält es schwer, ihrer habhaft zu werden, da Verrat ihre Wirkung aufhebt –; nicht den Arzt sucht man in Krankheitsfällen auf, sondern den *Zauberer*, der je mächtiger er scheint in um so größerem Ansehen steht. Oft zieht man meilenweit zu solchen Beschwörern, und nicht immer sind diese *alte* Leute; gewöhnlich aber rekrutieren sie sich aus dem Stande der Hirten und Abdecker (Racker, Halbmeister), und stellt das weibliche Geschlecht wohl das bedeutendste Kontingent. Abdeckerfamilien bewahren als Zaubermittel »Armsünderblut«, oder das Blut von einem frommen Märtyrer (Littauen), mittelst dessen sie zu binden und zu lösen verstehen*).

Vor allem traut man den katholischen Geistlichen dergleichen Kenntnisse zu. In vielen Gegenden Preußens, besonders in Littauen, ist es üblich, das Vieh von Geistlichen geweihte Kräuter fressen zu lassen. Der Littauer wendet sich deshalb

---

*) In einem Dorfe bei Darkehmen betrog nur kürzlich eine Abdeckerfamilie eine Bauerfrau. Die Leute gaben ihr ein Glas voll Wasser zu halten und befahlen, sie solle starr in dasselbe hineinsehen und keinen Tropfen verschütten, während sie das kranke Tier durch Bestreichen und Beschwörung entzaubern würden. Während die Frau starr in's Glas sah, schlichen die Helfershelfer in die Stube und stahlen.

aber nicht an seinen Prediger, von dem er behauptet, daß er das Weihen nicht verstehe, sondern läßt sich zu diesem Zweck mit großen Kosten einen katholischen Priester von auswärts kommen. Auch das protestantische Landvolk in Westpreußen wendet sich, wenn es durch unmittelbare Vermittelung des Himmels etwas erreichen will, z. B. die Entdeckung eines Diebstahls, nicht an seinen eigenen, sondern an einen katholischen Geistlichen. Ja sogar gegen ganze Landplagen wird des Letztern Hilfe in Anspruch genommen. (v. Tettau und Temme, S. 268.)

Nicht selten muten die Littauer ihren Geistlichen zu, den Feinden böse Krankheiten auf das Haupt zu beten. (Hintz, S. 12, Note 14.) Sie trauen überhaupt dem Pfarrer (Kunnigs, welche mit Kunnigaiksztis Fürst verwandt ist) alle mögliche Kenntnis und Weisheit, auch wohl mehr Macht zu, als er besitzt. (A. a. D., S. 116.)

In den meisten Fällen sind diese *Wissenden* (das Volk sagt von einem solchen: »Es ist da und da ein Mann etc., der das alles weiß,« – »der mehr als Brot essen kann«) Betrüger, hin und wieder glauben sie aber selbst an die Wirkung ihrer Besegnungen, und der zufällige günstige Erfolg derselben steigert ihr Ansehen und kräftigt den Glauben des Volkes an Hexerei und Zauberwesen. So erzählt Pisanski am a. O., wie »vor etwas mehr als 20 Jahren« eine »namhafte Gemeine«, in deren Nachbarschaft eine Seuche unter dem Vieh ausgebrochen war, ihr Vieh besegnen ließ. Zwar mußte die Gemeine, da die Sache verraten wurde, »öffentliche Kirchenbuße tun«, allein wunderbarerweise blieb das Vieh von der Seuche verschont und nur ein verlaufenes Stück, das nicht mit gesegnet war, erlag derselben. »Hier war es nun den unumstößlichsten Vorstellungen unmöglich, etwas auszurichten.« Dergleichen Fälle kommen auch noch heute vor, treten jedoch nicht an die Öffentlichkeit. So teilt mir einer meiner Gewährsmänner, ein Rektor in Littauen, Folgendes mit: Eine Frau, deren Kuh erkrankt war, ging zu einem Beschwörer und fragte ihn um seinen Rat. Er sagte, das Tier sei behext und fragte die Frau, ob sie, um den Zauber zu lösen, verlange, daß der Zauberer das rechte Auge verliere. Als die Frau dies verneinte, erklärte der Mann, dann müsse, damit das ihrige gerettet werde, ein anderes Stück Vieh sterben. Dies ließ die Frau sich gefallen, ihre Kuh wurde gesegnet und – tags darauf starb des Nachbars Kuh, während die der Frau gesund wurde.

Die Besprechungen, Besegnungen, das Raten – diese Namen sind für die gleiche Handlung im Gebrauche – geschehen stets nach Sonnenuntergang oder vor Sonnenaufgang, gewöhnlich unter freiem Himmel und entblößten Hauptes. Jeder Segen, jede Besprechung muß unter Anhauchen, Handauflegen, oder Streichen mit Bekreuzung dreimal und stets im Namen Gottes des Vaters, des Sohnes und des heiligen Geistes geschehen. Gewöhnlich wird das Amen gänzlich weggelassen oder nur bei der dritten Besegnung gesagt. Der Segen wird nie laut gesprochen, sondern nur leise gemurmelt. Nach jeder Besegnung speit der Segnende dreimal auf die Erde und geht schweigend davon. In manchen Gegenden, z. B. im Kreise Goldap, wird bei der Besegnung auch geräuchert, weil man glaubt, die Krankheit oder den Teufel durch den Dampf vertreiben zu können. Das Besprechen ist nur dann von Erfolg, wenn ein Mann es einer Frau tut und umgekehrt; auch muß man die Kunst von einer Person des andern Geschlechts erlernt haben.

---

### In Krankheiten.

Die Krankheiten, welche durch Zaubersprüche geheilt werden, bilden eine stattliche Reihe. Ich führe dieselben in alphabetischer Reihenfolge auf und gebe bei diesen und einigen andern, für welche die Formeln fehlen, zugleich auch die mir bekannt gewordenen Volksheilmittel. Da es nun aber eine nicht unbeträchtliche Anzahl von Krankheitsäußerungen gibt, welche das Volk mit einem besondern Namen nicht zu bezeichnen versteht, welche vielmehr, seiner Meinung nach, Wir-

36

kungen des Verrufens sind, so stelle ich diejenigen Formeln voran, welche gerichtet sind.

## Gegen das Verrufen.

Der Verrufene wird mit einem Tischtuche bedeckt, dann nimmt man einen struppigen Besen, bestreicht mit demselben kreuzweise den Kranken und betet eine der nachfolgenden Formeln. Bespricht man Tiere, so wird (in Natangen) ein Stück gestohlenes Holz von einem Grenzscheide-Zaun zu Kohle verbrannt und in Wasser aufgelöscht. Das so temperierte Wasser wird unter Bekreuzung und dem Gebete der betreffenden Formel auf das Tier gesprengt. Der Rest des Wassers wird dem Tiere zu trinken gegeben.

1. N. N., ich rate dir gegen das Verrufen.
   Hat dich ein böser oder ein guter Geist verrufen?
   – Zwei auf der Erd', zwei unter der Erd' –
   Hat dich ein Jung oder eine Margell verrufen?
   – Zwei auf der Erd', zwei unter der Erd' –
   Hat dich ein Knecht oder eine Magd verrufen?
   – Zwei auf der Erd', zwei unter der Erd'–
   Hat dich ein Herr oder eine Frau verrufen?
   – Zwei auf der Erd', zwei unter der Erd' –
   Im Namen G. etc.
   *Margell* = Mädchen, junge Magd; von dem litt. Merga, Mergèle, Mädchen, Jungfrau.

2. Zwei böse Augen haben dich verrufen,
   Zwei gute Augen rufen dich zurück!
   Im Namen etc.
   Man macht mit dem Finger drei Kreuze über den Verrufenen. *(N. Pr. Prov.-Bl. VIII. S. 26.)*

37

3. Im Namen etc. Amen.

Ich bestimme etc. nicht mit meiner Macht, sondern mit des Herrn Jesu Hilfe und der heiligen Jungfrau Beistand. Es ging der Herr Jesus auf den Ölberg; es nahm der Herr Jesus ein weisses Stöckchen in seine allerheiligstes Hand, da befielen ihn tolle Hunde, sie rissen dem Herrn Jesus die Kleider entzwei und dem heiligen Leibe geschah nichts. So wie diesem gerechten Herrn und dem heiligen Johannes nichts geschah, so wird auch diesem Vieh von der Raserei nichts geschehen, nicht mit meiner Macht, sondern mit des Herrn Jesu Hilfe.

† Und die heilige Jungfrau bittet ihren Sohn, daß nichts geschehe. – Nicht mit meiner Macht, sondern mit des Herrn Jesu Hilfe. Der heilige Johannes hat den Herrn Jesum im Jordan getauft und die Maria Magdalena war bei der Taufe. Der Jordanfluß stand, und so wird auch diese Raserei aufhören, nicht mit meiner Macht, sondern mit der Hilfe des Herrn Jesu, der heiligen Dreieinigkeit, der allerheiligsten Jungfrau und aller Heiligen. – So fallen meine Worte auf dieses von Raserei Ergriffene, nicht aber mit meiner Macht, sondern des Herrn Jesu, der allerheiligsten Jungfrau Maria und aller Heiligen Hilfe. † Schon habe ich jetzt beendet bei diesem Brüllen, Wiehern etc. mit Gott dem Vater, dem Sohne und dem heil. Geiste. Amen. † † †

Die sämtlichen Heiligen sind barfuß erschienen, so wird auch diese Raserei erscheinen, nicht mit meiner Macht, sondern mit der Hilfe des Herrn Jesu, und so wie dieses Wasser fällt, so wird auch die Raserei von diesem Vieh abfallen, nicht mit meiner Macht, sondern mit des Herrn Jesu und aller Heiligen Hilfe. Amen. †

Bei jedem Kreuze sind zu beten: ein Vaterunser und ein englischer Gruß. *(v. Tettau und Temme, S. 269.)*

4. Im Namen etc. Amen.

Ich bestimme die Aufhebung der Behexung nicht mit meiner Macht, sondern mit des Herrn Jesu Hilfe. So wahr als der Herr Jesus unter dem Kreuze gestanden, so wird auch diese

Behexung aufhören; nicht mit meiner Macht, sondern mit des Herrn Jesu und der allerheiligsten Jungfrau Maria Hilfe. Wie meine Worte fallen, so wird auch die Behexung fortfallen, nicht mit meiner Macht, sondern mit des Herrn Jesu und aller Heiligen Hilfe.

Dreimal Amen zu sagen. Drei Ave Maria zu beten.

*(v. Tettau und Temme, S. 271.)*

5. Ich rate dir vor Verruf.
   Hat dich die Margell verrufen,
   Aber (oder) hat dich der Jung verrufen,
   Hat dich die Magd verrufen,
   Aber hat dich der Knecht verrufen,
   Hat dich die Wirtin verrufen,
   Aber hat dich der Wirt verrufen!

Vergl. 1. *(Allenburg.)*

6. N. N., wer hat dich verrufen?
   Ist es Herr oder Frau, Knecht, Magd oder Margell,
   oder falsche und böse Nachbarschaften, die
   Dir was zuleide getan haben? Ich rufe dich
   Zurück im Namen etc. *(Alt-Pillau.)*

7. Deck rop di torügg von Herr on Fru,
   Deck rop di torügg von Knecht on Magd,
   Deck rop di torügg von Jung on Margell,
   Deck rop di torügg von allem, wat under on bäwer
   de Erd öff.

   *(Alt-Pillau.)*

8. N. N., wer hat dich verrufen?
   Klein oder Groß?
   Jung oder Alt?
   Sichtbar oder Unsichtbar?
   Zwei schlimme Augen haben dich verrufen,
   Zwei gute Augen werden dich wieder rufen!
   Im Namen etc.

39

9. Böse Augen sahen sich,
   Falsche Herzen gönnen's dir,
   Jesus Christus helfe dir!
      Im Namen etc.

10. Fleisch verrufen, Fleisch wieder rufen!
    Bist du ein Mann,
    So bleibe von dann,
    Bist du aber ein Weib,
    So bleibe vom Leib!
       Im Namen etc.                    *(Stablauken.)*

11. Mein Vieh stehet in Gottes Kraft,
    Es stehet in Gottes Macht,
    Es stehet im Namen Jesu Christ,
    Der es bewahret vor Teufelslist.
    Sein Blut bewahre euch vor allem Bösen! Amen.

12. Fuchs (Brauner etc. ), ich überfahr dich,
    Gott der Herr bewahr' dich,
    Gott der Herr ist der höchste Nam',
    Der alle Flüch' leicht fällen und stillen kann.
       Im Namen etc. † † †

Dreimal zu sprechen, wobei man auf der rechten Seite des Tieres steht und mit dem rechten Rockzipfel oder mit der flachen Hand von der Nase über Ohren und Rücken zum Schwanz und die Füße abwärts streicht und schließlich mit dem rechten Fuß dem Tiere drei Stöße an den Bauch gibt, indem die Namen des dreieinigen Gottes gesprochen werden. (Sodann nimm Essig, wasche die Geschwulst etc. und streue feines Kornmehl darauf, decke sie zu und lasse das Tier ruhig stehen. Es wird besser. – Hilft auch, wie schon aus dieser Bemerkung zu ersehen ist, gegen bloße Geschwulst.)

*(Neudorf bei Graudenz.)*

13. Min Kohke (Offke etc.), hebbe di twee böse Doge
gesehne, fulle di dree oode weddasehne.
Im Namen des Vaters etc.
Dreimal ohne Amen. *(Kreuzburg.)*

14. Gottes Segen! Wie gut ist das!
*(Dogehnen im Samland.)*

## Gegen Ansteckung

schützt Salz, welches man in den Zipfel des Hemdes bindet
oder, in ein Tuch gebunden, um den Hals trägt.
*(Littauen.)*

## Schlimme Augen,

d. h. kranke, kann man bekommen, wenn man einen Augen-
stein (Gnatzstein, Quarz) längere Zeit ansieht.
*(Dönhoffstädt.)*
Bei Augenkrankheiten pflegen die Masuren wie auch die
Littauer gerne Lichte der Kirche zu schenken mit der Bestim-
mung, daß dieselben beim Gottesdienste brennen sollen.
*(Hintz, S. 14.)*
Ein sehr wirksames Mittel gegen Krankheit der Augen ist
das Osterwasser, und namentlich hilft es, wenn man am ersten
Ostermorgen vor Sonnenaufgang aus einem fließenden
Gewässer sich wäscht. Eine Entzündung der Augenlider nennt
man in der Gegend von Wehlau *Escherschringe.* Will man hier-
gegen raten, so nimmt man einen Ofenwisch, macht mit dem-
selben vor den Augen des Kranken ein Kreuz und spricht:
Die Escherschringe plagt dich,
Der Ofenwisch verjagt sie!
Im Namen etc.

41

Ein sogenanntes *Gerstenkorn* am Auge kann sehr leicht beseitigt werden, wenn jemand unaufgefordert zu dem damit Behafteten sagt: Du hast ein Dreck am Auge! In Masuren bestreicht man dasselbe dreimal mit dem Trauringe der Mutter. *(Töppen, S. 54.)*

Gegen den *grauen Star* hat man in Masuren folgende Zauberformel:

> *Morgens.* Wie hier die dunkle Nacht dem hellen Tage weichet, so soll auch von diesem Getauften (Name der kranken Person) der Star entweichen, von seinem Auge, von seinem Augapfel, von dem Weißen seines Auges, und diese Geschwüre, sie sollen vertrocknen, verschwinden, niemand soll wissen, wo sie geblieben, durch Gottes Macht, des Sohnes Gottes und des heiligen Geistes Hilfe.

> *Abends.* Abendröte, Abendrötchen, des Herrn Jesu Diener, ihr dienet dem Herrn Jesus Christus bei Tage, bei Nacht, so dienet auch diesem Getauften (Name), damit ihr den Star von seinem Auge, von seinem Augapfel und von dem Weißen seines Auges beseitigt durch Gottes Macht, des Sohnes Gottes und des heiligen Geistes Hilfe. Amen, Amen, Amen! *(Töppen, S. 47.)*

Ist einem Stück Vieh oder Pferde in's Auge geschlagen oder gestoßen, so daß man fürchten muß, es könne das Auge verlieren, so wendet man dieses Unglück durch folgenden Zauberspruch ab:

> Es gingen drei Brüder frisch aus. Es begegnete ihnen der liebe Herr Jesus Christ und fragt sie: Was suchet ihr? Wir suchen das Kraut, das vor allem Schaden gut ist. Gehet hin auf den Mofisberg, nehmet das Öl von den Blumen der Wollen- und Schafgarben, drückt drauf und drein, daß nichts geschwärt noch begehrt, daß es keinen Eiter mehr gibt. Im Namen etc.

Die Besprechung wird dreimal hintereinander vor Sonnenaufgang wiederholt: *(Neudorf bei Graudenz.)*

### Gegen den Ausschlag.

Hautausschläge werden ebenfalls durch Osterwasser vertrieben. Sind Kinder mit einem bösartigen Ausschlage behaftet, so kann man diesen vertreiben, wenn man ihn mit gestohlenem Mehl bestreut. Zu solchem Mehl muß man aber auf folgende Art zu gelangen suchen. Man geht zu jemandem hin, von dem man weiß, daß er Brot backt. Hier stellt man sich so, daß man das Mehlbecken hinter sich hat. Nun greift man hinterwärts mit einer Hand dreimal in das Mehlbecken, nimmt eine Hand voll Mehl aus demselben heraus, verbirgt es und sucht damit unbemerkt fortzukommen.         *(Mehlau.)*

Töppen gibt S. 49 folgende Zauberformel gegen Schwämme:
> Ich werde diesem getauften N. N. den lästigen Ausschlag versegnen, dreimal neun Pickel, dreimal neun Pusteln, dreimal neun Schwämme. Die Mutter Gottes ging einen grünen Steg und traf drei Kräuter. Das eine pflückte sie ab mit der rechten Hand, das andere warf sie um mit dem rechten Fuß, und das dritte verlor sich, ich weiß nicht wohin. Also sollen auch diese Schwämme dieses getauften N. N., ich weiß nicht wohin, sich verlieren. Nicht durch meine, meine, meine, sondern durch des Herrn Jesu Hilfe sowie aller Heiligen.

### Gegen Bauchgrimmen

gibt man den Saft des gepreßten Schweinemistes in einem Glase Branntwein. Pr. Prov.-Bl. II, S. 408.

### Gegen den Bernegrund.

Bernegrund, Bernegrind, ein böser Grind (bei Müllenhoff, Sagen etc. S. 514, Barmgrund – tinea –), ist ein häßlicher Kopfausschlag, der in Masuren ognipióro, d. h. Feuerfeder, genannt wird. Töppen teilt S. 56 nachfolgendes Heilverfahren mit:

Während die Leute nach der Kirche gehen, geht die Mutter mit dem Kinde, das den Bernegrund hat, an eine Stelle, wo Holz gehauen wird, stellt sich mit dem Rücken gegen die Kirche, nimmt dreimal von der Spanerde, schüttet sie dem Kinde auf den Bernegrund und spricht dabei etwa so: Wie die Leute jetzt nach der Kirche gehen, so gehe du vom Kopfe. Dann vergeht der Ausschlag. *(Hohenstein.)*

### Blasen auf der Zunge

entstehen, wenn man von andern Leuten beschändet wird. Knüpft man nun einen Knoten in's Taschentuch und sticht auf diesen mit einer Nadel so lange bis er aufgeht, so verliert man die Blasen, und diese bekommt der Schändende. (Königsberg.) – In Masuren treibt man die Blasen von sich auf den Beschänder, wenn man dreimal in's Taschentuch spuckt, aus demselben dann einen Knoten macht und mit der Hand darauf schlägt.
*(Töppen, S. 40.)*

### Das Blut zu besprechen.

Bei starken Verwundungen, beim Blutsturz etc. sind folgende Formeln üblich:

1.  Des Morgens im Tau'n
    Gingen drei Frau'n.
    Die eine sucht Blut,
    Die andre fand Blut,
    Die dritte sagt: steh' still, Blut!

2.  Es gingen drei heilige Frau'n
    Des Morgens früh im Tau'n.
    Die eine hieß Aloe,
    Die zweite hieß Blutvergeh',
    Die dritte hieß Blutstillesteh!

44

3. Blut, ich besprech' dich,
   Daß du magst stille stehn,
   Bis die Toten aus dem Grabe gehen!
   
   *(Bürgersdorf bei Wehlau. N. Pr. Pr.-Bl. VIII, S. 25.)*

4. Halt Blut, stille dich Blut, durch den Namen Jesu,
   durch die Jünger Jesus, durch die Wunden Jesu! †††
   
   *(N. Pr. Pr.-Bl. a. F. XI, S. 157.)*

5. In nomine patris et filii et spiritus sancti. Amen.
   So wie der Ehebrecher in der Hölle erscheinen, so wie
   der Hexenmeister in der Hölle erscheinen wird, so wird
   auch das Blut aufhören, was ich bestimme nicht mit meiner Macht, sondern mit des Herrn Jesu Hilfe.
   Ein Vaterunser und drei Ave Maria zu beten.
   
   *(v. Tettau und Temme, S. 272.)*

6. Auf Christi Grab stehen drei Lilien:
   Die erste heißt Demut,
   Die zweite Wehmut,
   Die dritte wie Christus will!
   J. N. G. †††
   Dreimal zu sprechen.          *(Jerrentowitz.)*

7. Auf Christi Grab stehn drei Blümelein:
   Das eine unschuldig,
   Das eine geduldig,
   Das dritte Gottes Wille.
   Liebes Blut, steh stille!
   
   *(Vergl. Müllenhof, S. 511, Nr. 11. Mone, Anz. III, s. 283.)*

8. Es kommen drei liebliche Mädchen
   Herab auf die Erde vom Himmel:
   Die eine heißt Blutlasserin,
   Die andre heißt Blutfasserin,
   Die dritte heißt Blutstehe-Blutversteh-Blutstillerin.
   
   *(Plibischken.)*

45

9. Es kommen drei Jungfrauen gegangen,
   Die eine sprach: Das ist das Blut!
   Die andre sprach: Das ist nicht gut!
   Die dritte sprach: Sollst stille stehn!
            Im Namen etc.
   Dreimal zu sprechen, doch ohne Amen.

*(Creuzburg.)*


10. Blut, steht so fest als der Fluß Jordan stand,
    Wo Jesus Christus und der heilige Johannes drin
                                    getaufet haben.
   Drum, Blut, stehe, Blut stehe, Blut stehe feste!

*(Samland.)*


11. Blut, stehe stille,
    Wie das Wasser im Jordan stille stand,
    Als die Kinder Israel durchgingen in's heilige Land.
    Im Namen etc.

*(Wehlau.)*


12. Hier ist eine Blum', die ist verwund't,
    Die heilet Jesus Christ mit seinem Mund.

*(Allenburg.)*


13. Man nimmt einen Stein, wo man ihn findet, merkt sich
genau die Stelle, wo er gelegen, und spricht, den Vorschriften
der Formel nachkommend:
            Jetzt nehm ich den Stein
            Und lege ihn dir auf dein Bein
            Und drücke ihn auf das Blut,
            Daß es sofort stehen tut.
   Dreimal. Der Stein wird genau zurückgelegt, wo und wie er
   gelegen.

*(Neudorf bei Graudenz.)*


46

14. Ich versegne dich mit der Kraft Gottes und der Hilfe des Herrgottes! Magdalena hatte drei Töchter, die erste sprach: Gehen wir fort von hier und wandern wir; die andere sprach: Stehen wir; die dritte sprach: Siehe, wir wollen umkehren, bleiben wir hier und setzen uns! und so sollst auch du Blut stehen bleiben durch den Herrn Jesum Gottes Sohn, durch sein Mütterchen und durch die ganze hochgelobte heilige Dreifaltigkeit und durch die heiligen Engel im heiligen Geist. J. N. G. etc. Unser Vater unser etc. bis zu Ende zu beten.

*(Töppen, S. 45.)*

15. Ach Blute, stehe doch stille,
Um Jesu Christi wille,
Gleich wie Johannes stund,
Wie er die Tauf empfund!
Im Namen etc.

*(Pillkallen.)*

### Wider den kalten Brand, Flugbrand etc.

1. Man bestreicht die kranke Stelle mit einem Feuerstahl, beobachtet die Zeit vor Sonnenaufgang und nach Sonnenuntergang und spricht dabei:
Herr Jesu Christ, Gottes Sohn
Über's ganze Land,
Ich rat' für Feuer und Brand
Durch deine milde Hand.
J. N. G. etc.

*(Bürgersdorf bei Wehlau. N. Pr. Pr.-Bl. VIII, S. 24.)*

2. Unser Herr Jesus Christus
Mit sein molideitem Hand
Ging durch das ganze Land,
Nimmt ab alle feurige Brand.
J. N. G. etc.

*(Allenburg.)*

47

(In dem »Wassersegen« aus dem 15. Jahrh., mitgeteilt in dem »Anzeiger für Kunde der deutschen Vorzeit«. Neue Folge. Jahrg. 1862 (Bd. IX.), Sp. 155 heißt es: »Ich beswere dich bi den *malendichten* wunden« etc.)

3. Ich umfang' und bind' den kalten Brand.
   Kommt ihm Luft oder Zug,
   So tue er keinen Flug,
   Haut, Fleisch und Bein
   Soll aussehn, wie es war von Anfang – rein!
   J. N. G. etc.

4. Der heilige St. Lorenz der saß auf einem Roß,
   Gott der Herr gab ihm den Troß
   Und segnet' ihm mit seiner göttlichen Hand
   Den Gift- und kalten Rosenbrand,
   Daß er nicht weiter um sich fraß
   Und aufhört' da, wo er anfangs saß!
   J. N. G. etc.

5. Unsere liebe Mutter Gottes und der Herr Jesus zogen
   über Land,
   Die Mutter führte das Kind an ihrer schlohweißen
   Hand,
   Sie segnete den vergifteten Brand,
   Daß er nicht weiter griff und stand gebannt,
   Daß er nicht in Beine, in Arm, in Schwäre
   Und niemals in den Leib begehre,
   Bis die liebe Mutter Gottes ein ander Kind Gottes
   gebäre.
   J. N. G. etc.
   *(3-5 aus Neudorf bei Graudenz.)*

6. Ich saß unter einem großen Baum
   Und sah nach dem weiten Himmelsraum,
   Da kam Mutter Maria mit dem alten Mann,

48

Der das Geschoß und den kalten Brand besprechen
kann:
Du sollst verschwinden wie der Tote im Grabe,
Wie der Tau im Grase!
J. N. G. etc.
Bei der Besprechung ist ein Feuerstahl zu brauchen.

*(Wehlau.)*

7.  O du wilder, verfluchter Flugbrand,
Du hast schon lang geherrscht in diesem Rand,
In dieser Galle, in Fleisch und Blut,
Drum ziehe aus, du verdammtes Gut!
Weich aus der Galle,
Weich aus dem Fleisch und Blut und aus den Adern
allen! †††
J. N. G. etc.
Bei Nennung der drei höchsten Namen fahre dem Vieh von
der Nase über den Rücken und Schwanz an den Füßen hin-
unter. Auch lasse dem Vieh Blut und gib ihm 8 Lot Salpeter mit
Essig auf zweimal.

*(Neudorf bei Graudenz.)*

### Gegen den Bruch.

Ich seh', es wächst,
Ich streich, daß 's vergeht!

*(Allenburg.)*

### Gegen wunde Brüste.

Hat eine Wöchnerin eine wunde Brust bekommen, so nehme man rotes Nußholz, verbrenne es zu Kohlen, zerstoße diese zu Pulver und menge dieses mit ¼ Pfund Schmalz. Mit dieser Salbe bestreiche man dreimal täglich die Wunde im Namen
Gottes etc. *(Samland.)*

Hat eine Wöchnerin vom sogenannten »Erschrecket«, d. h. durch Schreck*), eine rote Brust, die Rose, bekommen, so nehme man eine schwarze Katze, die kein Abzeichen hat, schneide ihr in den Schwanz, daß Blut fließt, und bestreiche damit dreimal die Brüste im Namen Gottes etc.

*(Samland.)*

Gegen diese Entzündung ist im Samlande nachfolgende Besprechungsformel angewendet worden:

Op e groote greene Wäs geit e groote rohde Koh.

Im Namen etc.

### Gegen Darmgicht

der Pferde und des Rindviehes. Man fährt dem kranken Stück Vieh mit der Hand von der Nase über Kopf, Rücken, Schwanz und Fuß bis an den Rand des Hufhornes und spricht während des Streichens:

Jerusalem, die Judenstadt, wo Jesus Christus gekreuzigt worden ist, dieselbige Stadt zu Wasser und Blut worden ist. So sei dem Fuchs (Braunen) die Kollaue genommen! Im Namen etc.

Dreimal. Wenn die höchsten Namen genannt werden, wird dem Vieh mit der Hand dreimal an den Bauch geschlagen. – (Für Friesel, Würm' und Darm gut. Neudorf bei Graudenz.) Vgl. A. Birlinger, Volkstümliches aus Schwaben I, S. 204.

### Die Darre.

Darre nennt man die Abzehrung bei Kindern. Man heilt sie durch das sogenannte *Darrabbacken*. Drei Donnerstage hinter-

---

*) Erschrickt man, so bewahrt sofortiges dreimaliges Vorsichausspucken vor Krankheit.

einander und zwar bei abnehmendem Mondlichte nach Sonnenuntergang knetet man einen Teig, wozu man jedesmal etwa ein halbes Quart (Stof) Mehl genommen hat, heizt den Ofen ein und begibt sich mit dem Teige in die Küche. Hier bäckt man nun von dem Teige jedesmal nach und nach drei Brötchen. Während gebacken wird, geht ein anderer rund um's Haus, kommt dann in die Küche und fragt:

Was backst?

Der Backende:  Ich backe dem N. N. die Darre ab.

Jener:  Back', back'!

Hierauf wird das erste Brötchen in den Ofen geschoben und dabei gesprochen:

Im Namen Gottes etc.

Unter gleichen Zeremonien wird nacheinander das zweite und dritte Brötchen gebacken. Endlich werden die drei Brötchen aus dem Ofen genommen und noch an demselben Abende, an welchem sie gebacken sind, in ein fließendes Wasser getragen.

Die beiden folgenden Donnerstage wird in gleicher Weise verfahren.  *(Bürgersdorf bei Wehlau.*

*N. Pr. Prov.-Bl. VIII, S. 27.)*

Ähnlich ist das *Darrabmahlen.* Das mit der Krankheit behaftete Kind wird zu gleicher Zeit und in gleicher Zeitfolge, wie vorher angegeben, auf den Stein einer Handmühle, einer sogenannten Querl, die man zuvor an das offene Fenster gestellt hat, gesetzt. Während jemand um's Haus geht, dreht ein anderer den Stein der Mühle langsam herum. Der Umgehende tritt an's Fenster und fragt:

Was ratst und mahlst du?

Ich rat' und mahl' dem N. N. die Darre ab.

Mahl', mahl'!

Der Mahlende spricht nun:

Im Namen Gottes etc.

Noch zweimal wird das Haus umgangen, und ebenso noch zweimal der Stein der Mühle herumgedreht, wobei jedesmal die vorhin angegebene Frage und Antwort erfolgt. In gleicher

51

Weise wird die nächstfolgenden beiden Donnerstage verfahren. *(Wehlau.)*

Gegen die Darre, Abzehrung, Auszehrung, englische Krankheit, welche nach Töppen, S. 52, daher rühren soll, daß dem Kinde Katzenhaare in den Magen gekommen sind, finden sich am eben angeführten Orte S. 11, 52 und 53 noch folgende Mittel:

Man trage das kranke Kind dreimal um die Kirche und hauche jedesmal, wenn man an die Kirchentür kommt, in die Kirche hinein. *(Hohenstein.)*

Man brate einen Hahn, zerreibe den Magen desselben und gebe diesen Staub, mit Rotwein gemischt, dem Kinde ein.
*(Hohenstein.)*

Man setzt einen Stuhl zwischen zwei Eimer und steckt das kranke Kind unter dem Bügel des ersten Eimers durch, zieht es über den Stuhl und steckt es dann unter dem Bügel des zweiten Eimers durch. Nun dreht man den Stuhl und die beiden Eimer um – das sind drei Arbeiten. Mit dem Kinde wird dieselbe Prozedur wie vorher zum zweiten Mal vorgenommen. Folgen abermals die bezeichneten drei Arbeiten, dann die Prozedur mit dem Kinde zum dritten Mal. Endlich setzt man das Kind in einen Schrank und betet das Vaterunser, aber ohne Amen zu sprechen. Man wendet dieses Mittel Donnerstag nach Abendbrot an. Oft hilft einmalige Anwendung, nötigenfalls aber kann man sie noch einmal und zum dritten Male wiederholen.
*(Hohenstein.)*

Man führt Donnerstag nach dem Abendbrot, bei abnehmendem Licht, desgleichen an dem darauf folgenden Sonnabend, endlich zum dritten Mal an dem nächsten Donnerstag Folgendes aus. Man macht Teig zurecht, legt davon einen Fladen auf den Tisch und stellt das Kind auf diesen Fladen, zuerst mit beiden Füßen, dann bloß mit dem rechten Fuß, so daß sich die Spuren in dem Teige abdrücken. Dann formt man aus diesem Teige kleine Fladen, legt sie in den Ofen und läßt sie bebacken. Das Kind wird hierauf in's Wasser gesetzt, und nachdem die drei Fladen in das Wasser gekrümelt sind, gebadet, wobei man das Vaterunser ohne Amen betet. Endlich nimmt man etwas von der Asche aus dem Backofen, sei es mit der Hand oder mit einem Span und fährt dem Kinde damit über den Kopf, von vorn nach hinten. Das Wasser wird nach Sonnenuntergang, ohne daß man dabei spricht oder sich umsieht, ausgegossen.

*(Hohenstein.)*

Man nimmt einen Pferdekopf, geht Donnerstag nach dem Abendbrot, ohne zu sprechen und sich umzusehen, zu einer Lehmgrube, in welcher sich Regenwasser angesammelt hat, schöpft daraus einen Eimer voll, gießt es zu Hause, nachdem es erwärmt ist, in eine Teine, zieht den Pferdekopf von Sonnenaufgang nach Sonnenuntergang dreimal durch dasselbe und badet das Kind darin. Das Hemde des Kindes wird auf der Brust mitten entzwei gerissen. Endlich trägt man Wasser und Hemde schweigend und ohne sich umzusehen in die Lehmkaule zurück. Dies Experiment wird noch an zwei Donnerstagen in derselben Weise wiederholt und führt gewiß Besserung und Heilung herbei.

*(Gilgenburg.)*

Zwei alte Frauen nehmen das kranke Kind, die eine reicht es der andern durch den Zaun (Rückzaun) und erhält es über den Zaun zurück. Dies wird dreimal wiederholt.

*(Kl. Jerutten.)*

### Epilepsie.

Wer die Epilepsie, vom Volke *das Höchste,* auch die schwere Krankheit genannt, zum ersten- oder zweiten Male bekommt, kann davon befreit werden, wenn man ihm sofort das Hemde auszieht, es zerreißt und da hinwirft, wo zwei Wege sich scheiden. Dabei darf aber der Ausführende kein Wort sprechen, weder beim Hin- noch beim Zurückgange. Man wendet dies Mittel vorzugsweise bei Kindern an.

*(Vom Aberglauben etc. Pr. Pr.-Bl. VIII, S. 186 f.)*

In Masuren hält man das von den Kirchenlichten ablaufende Wachs als gegen die Epilepsie besonders wirksam.

*(Töppen, S. 13.)*

Töppen teilt, S. 45, folgende Besprechungsformel gegen die Epilepsie mit:

Als unser Herr Jesus Christus wanderte mit seinen Jüngern, baten sie ihn und riefen zu ihm, und wenn er die Epilepsie und Geschwüre heilte, befahl Jesus und sprach: Auf die Kranken sollt ihr die Hände legen. Das Wasser stand stille, als Mütterchen Gottes ihren Sohn badete. So soll auch dies Geschwür, diese Krankheit stille stehen, das Mark nicht berühren, die Knochen nicht brechen, die Sehnen nicht verrenken. Ich bitte dich, meide die Stelle (d. i. den Leib) dieses Menschen, durch Gottes Macht und des Sohnes Gottes und des heiligen Geistes Hilfe. Im Namen etc. Vater unser etc.

### Wider das Feuer.

Äußerlich sichtbare Entzündungen nennt man das *Feuer.* Die Besprechungen des Feuers müssen bei abnehmendem Lichte, am besten im Neumonde, geschehen und dreimal nacheinander vor Sonnenaufgang oder nach Sonnenuntergang erfolgen. Man nimmt eine tote Holzkohle oder einen Feuerstahl und bestreicht damit hin und her die entzündete Stelle, wobei man einen der folgenden Segen dreimal spricht und nach jedesmaliger Beendigung der Formel dreimal ausspuckt:

1.  Ich rate gegen neunerlei Feuer.
    Jesus Christus ging durch's ganze Land
    Mit Feuer und mit Brand:
    Er heilt und kühlt mit seiner Hand.
    J. N. G. etc.

54

2. Unser Herr Jesus fuhr über das Land.
   Mit seiner schneeweißen Hand
   Vertrieb er Feuer und Brand.
   J. N. G. etc.              *(Oberland.)*

3. Es gingen drei heilige Frauen waschen,
   Die eine klopft,
   Die andre schält,
   Die dritte löscht das Feuer aus.
   J. N. G. etc.

*Schälen* = die Wäsche, bevor sie auf die Bleiche gebracht wird, in einem offenen Wasser hin- und herziehen, um sie von den Seifteilchen etc. zu reinigen.

4. Maria Gottes ging über das Land.
   Was sucht sie da?
   Einen Feuerbrand.
   Der Feuerbrand soll gelöschet werden
   Wie die Kohle in der Asche.
   J. N. G. etc.

5. Jesus in den Garten ging
   Und nahm den Feuerbrand in die Hand.

Ich rate dir N. N. für ein Kind-, Rind-, Mägdlein-Feuer, gichtiges Feuer, süchtiges Feuer, fichtiges Feuer, rotes Feuer, gelbes Feuer, blaues Feuer,

   daß es nicht reißt,
   daß es nicht spleißt,
   daß es nicht gleißt,
   daß es nicht schließt,
   daß es nicht gattert,
   daß es nicht blutet,

weil Jesus in den Garten ging und löschte das Feuer aus, für die ewige Feuersglut.
   J. N. G. etc.

*(Bürgersdorf bei Wehlau, N. Pr. Pr.-Bl. VIII, S. 21.)*

55

Vergl. Auch die zweite Formel unter *Gicht*.
*Spleißen*, plattd. *splieten* = spalten.

6. Ich rate mir (dir) vor neunerlei Wundenfeuer:
   Es soll nicht reißen,
   Nicht spleißen,
   Nicht stechen,
   Nicht brechen,
   Nicht källen
   Und nicht schwellen. *(Samland.)*
*Källen* = kälten, erkälten.
7. Ich rate dich (!) vor 99 erlei Feuer!
   Der eine macht Feuer,
   Der andre macht Holz,
   Der Dritte bläst zu und ab. *(Allenburg.)*

8. Gott, hilf raten für neunundneunzigerlei Feuer:
   Für Reißen, für Spleißen,
   Für Jucken, für Stechen,
   Für Schringen, für Springen,
   Für Schwellen, für Källen,
   Für Blasen, für Kochen,
   Für Wehetun!
   Im Namen etc.
Darauf haucht man den Kranken an und spricht dann:
   Gott helfe mir diese großen Wehtage mit diesem kalten
   Winde wegpusten! *(Wehlau.)*
*Schringen* = einschränken, eintrocknen.

9. Frühmorgens im Taue
   Gingen drei schöne Jungfrauen,
   Die eine ging durch's grüne Gras,
   Die andre sucht das Lilienblatt,
   Die dritte nahm das Feuer.
   Im Namen etc.

*(Wehlack bei Rastenburg.)*

56

## Gegen das kalte Fieber.

Die günstigste Zeit, in welcher man sich vom kalten Fieber befreien kann, ist die des abnehmenden Lichts und des Neumondes.

Man bewahrt sich am besten vor diesem unangenehmen Gaste, wenn man über die Stubentür schreibt:

Lieber, bleib' aus,
Ich bin nicht zu Haus.

Um das Fieber zu vertreiben, wendet man nachfolgende Mittel an:

Man nimmt ein Strohseil, geht damit, ohne zu sprechen, an einen Baum, befestigt es an demselben mit den Worten:

Lieber , bleib weg und komm nicht wieder!

betet das Vaterunser und geht stillschweigend nach Hause.

*(Ermland.)*

Man wickelt eine kleine Münze in ein Papier und bindet das Päckchen an einen Galgenpfahl. Das Fieber bleibt alsdann aus; wer jedoch das Papier vom Galgen ablöset, bannt sich das Fieber auf. In Masuren dreht man zu gleichem Zwecke ein Geldstück in den Glockenstrang.

*(Töppen, S. 54.)*

Man muß auf einem Besen aus dem Hause hinausreiten auf den Kreuzweg, dort den Besen liegen lassen und wieder nach Hause eilen, ohne ein Wort zu sprechen.

*(Hohenstein. Töppen, S. 53.)*

Man gehe auf einen Grenzrain, schneide ein Loch in den Rasen, hauche dreimal hinein und verstopfe es schnell wieder.

*(Hohenstein. Töppen, ibid.)*

Wenn der Fieberanfall und die Hitze vorüber sind, ziehen die Kranken das Hemde aus und tragen es abends nach Sonnenuntergang, oder morgens vor Sonnenaufgang, wenn möglich an einem Donnerstage, nach einem Kreuzweg und hängen es dort am Wegweiser auf. Siehe Formel 2.

*(Wallendorf. Töppen, S. 53.)*

Ein gutes Präservativ gegen das kalte Fieber sind drei Palmen (Blütenknospen der Weiden), die man ganz, d. h. ungekaut, verschluckt. Gleich wirkt der Genuß der Blüten der ersten Ähren, welche man im Frühjahre antrifft.

In Masuren ißt man drei Myrthenblätter aus dem Brautkranze gegen das Fieber. *(Töppen, S. 53.)*

Man legt einen Krebs in Branntwein und läßt ihn darin sterben, alsdann trinkt man den Branntwein.

*(N. Pr. Pr.-Bl. a. F. VII, S. 233.)*

Sieben Läuse auf Butterbrot sind gut gegen das Fieber. (Dieses Mittel wird zugleich auch gegen die *Gelbsucht* gebraucht. Pr. Pr.-Bl. II, S. 408.)

Man wirft Fieberkranken mit einem Topf nach, oder sucht sie auf andere Weise zu erschrecken; denn Schreck soll ein gutes Mittel gegen das Fieber sein.

Das beste und gepriesenste Mittel ist jedoch folgendes: Mache nachstehende Zeichen:

$$\dot{H}nz \; \dot{H}\dot{n}z \; \dot{H}\dot{n}z$$

etwa auf Butterbrot oder auf eine Semmel etc. und setze darunter den Vor- und Zunamen des Kranken. Kommt das Fieber, so muß dieser das Butterbrot etc. aufessen. Wer es in gutem Glauben ißt, wird sicher gesund. (Vom Aberglauben etc. Pr. Pr.-Bl. VIII, S. 186 f.)

Hieran schließe ich nachfolgende Besprechungsformeln gegen das kalte Fieber.

1. Am Tage oder bei der Nacht zwischen 11 und 12 Uhr nimmt man einen Eßlöffel voll Salz in die linke Hand, geht an ein fließendes Wasser, streut mit der rechten Hand das Salz in's Wasser, indem man das Gesicht nach der Mündung kehrt und spricht:

> Ich streue diesen Samen
> In Gottes Namen,
> So dieser Same wird aufgehn,
> Will ich mein Fieber wiedersehn.

*(Alt-Pillau.)*

Vergl. Wolf, Zeitschr. f. d. Myth. u. Sittenk. I, S. 199.

58

(auf dem Kreuzwege.)

2. Guten Tag, Kreuzweg!
   Hier bring' ich dir meine Kälte und meine Wärme.
   Die Kälte laß' ich bei dir,
   Die Wärme behalt' ich bei mir. *(Allenburg.)*

3. Grenzke, Grenzke, öck klag di,
   Kohlt on Heet plagt mi,
   Dat ehest Vagelke, dat hi rewe flegt,
   Dat nehm't unne sine Flecht!
                    J. N. G. etc.
   Der Fieberkranke geht über neun Grenzen und nimmt eine
   Kupfermünze und ein Stückchen Brot, in ein Läppchen gewik-
   kelt, mit. Auf der neunten Grenze legt er es unter einen Stein,
   während er dabei obige Worte unter Bekreuzung spricht.
                    *(Jerrentowitz.)*

4. Boom, Boom, öck schedder di,
   Dat kohle Feber bring' öck di,
   De erscht Vagel, wo räwerflicht,
   Dat de dat Feber kriege micht. *(Plibischken.)*

5. Liebe Weid', ich klage dir,
   Siebenundsiebzig Fieber plagen mir.
                    J. N. G. etc.
   Der Fieberkranke geht an eine Weide und bindet unter Spre-
   chung obiger Worte einen Knoten in die Zweige.
                    *(Jerrentowitz.)*

6. Fieber, ich verbinde dich
   Auf siebenundsiebzigerlei Art,
   Und wenn ich dich verbinde,
   So verbleibest du,
   Verbleibest du aber nicht,
   So ist kein Gott im Himmel,
   Der den Salomo gesendet hat,
   Zu binden deine Laster.

59

Dreimal. Dem Patienten wird beim Hersagen ein Garnfaden um den Leib gewunden, der jedesmal mit einem Knoten geschlossen wird. Der Kranke trägt den dreifachen Faden mit den drei Knoten drei Tage, geht dann an einen Fluß, kehrt diesem den Rücken, zerreißt die Fäden und wirft dieselben rücklings, ohne zu sehen wohin, in den Fluß.

*(Plibischken.)*

7. Frösche ohne Lunge,
   Störche ohne Zunge,
   Fische ohne Galle,
   Nehmet meine siebenundsiebenzigerlei Fieber alle!
       Im Namen etc.

Die Formel wirkt nur bei folgender Anwendung. Man geht vor Sonnenaufgang an ein fließendes Wasser, ohne umzuschauen, nimmt (dreimal) den Mund voll Wasser, speit dieses in den Fluß und spricht obige Verse.

*(Werder.)*

8. Der Wolf ohne Lung',
   Der Storch ohne Zung',
   Der (die) Taub' ohne Gall,
   Ich rate dich (!) vor neunundneunzig Fieber all'.

*(Allenburg.)*

9. *Verbohren des Fiebers.*

Der Kranke nimmt einen Bohrer, einen hölzernen Nagel und einen Hammer und geht damit an einen Baum, Pfahl, an eine Brücke etc. Hier bohrt er ein Loch ein, haucht dreimal in dasselbe hinein, indem er, seinen Namen nennend, spricht:

(Marie) es ne to Huus (ist nicht zu Hause)!

Hierauf wird das Loch mit dem Nagel zugeschlagen. – Auf dem Heimwege darf man sich nicht umsehen, auch darf auf dem Hin- und Rückwege kein Wort gesprochen werden.

*(Jerrentowitz.)*

10. Du verfluchtes Fieber, dich beschwöre ich über deine Macht, du sollst nicht bestehen von heute; gleich vergehe! Ich beschwöre dich über Christi Kreuz! †††

*(N. Pr. Prov.-Bl. a. F. XI, S. 158.)*

11. Im Namen etc. Es ging Gottes Mütterchen durch einen Kastanienwald, auf dem Wege begegnet ihr der Herr Jesus selbst. Wohin gehst du, meine Mutter? Ich gehe zu diesem Getauften, um zu heilen die kalten Leute, die weißen (blassen) Leute. Weichet von diesem Getauften, aus seinen Sehnen, aus seinem Mark, aus seinem Haupte, durch die Macht Gottes und des Sohnes Gottes und des heiligen Geistes Hilfe! Ich treibe euch aus unter die Steinwurzel in wüste Wälder, auf wüste Felder, wohin nichts kommt. Vater unser etc.

*(Töppen, S. 46.)*

*Anmerkung.* In meinen »Preuß. Sprichwörtern etc. 2. Aufl. Berlin, 1865« findet sich unter Nr. 41 nachfolgender Reim:

> De Ohle hefft dat Kohle,
> De Diewel hal de Ohle.

Es ist dieser Reim offenbar der Überrest einer alten Besprechungsformel. In einem Artikel: »Aargauer Besegnungen« (Zeitschr. f. deutsche Myth. u. Sittenk. IV, S. 107) lautet die Formel:

> Diese person hat das kalte,
> teufel, hol die alte,
> so vergeht der das kalte.

Aus **Philo, magiologia 1657, 791.** Statt des Hexenweibes, durch dessen Zauber das kalte Fieber entsteht, nennt man die Eiche, der man das Fieber überbringt, gleichfalls »gode olle«. (Kuhn u. Schwartz, Norddeutsche Sagen ex. S. 439.) – Nach Pisanski (N. 24, § 15) hat man früher durch das Evangelium Johannis das Fieber vertrieben; auf welche Weise, ist jedoch nicht mitgeteilt.

## Gegen Flechten.

Gegen Flechten hilft ebenfalls Osterwasser, mit welchem man sich wäscht oder worin man sich badet.

Sieht jemand bei einem andern eine Flechte, so muß er unangemeldet dreimal darauf speien, alsdann verschwindet die Flechte. *(Labiau.)*

Die Flechten bestreicht man mit Fensterschweiß, den man mit den Fingern abgenommen hat, und spricht dabei: »Guten Morgen, Herr Lissai (d. h. Flechte), sei nicht morgen, nur heute.« *(Hohenstein. Töppen, S. 55.)*

Andre Formeln gegen die Flechte:

1.   Die Wiede und die Flechte,
     Die heben an zu fechte,
     Die Wiede weegt,
     Die Flecht verdreegt. *(Allenburg.)*

2.   Flechten, Flechten, scheret euch!
     Meine Hände jagen euch,
     Sie jagen euch bei Tag und Nacht,
     Drum Flechten, Flechten, Flechten, scheret euch von
                         mir weg! *(Samland.)*

3.   Die Pottasch und die Flechte,
     Die flogen wohl über das weite Meer.
     Die Pottasch die kam wieder,
     Die Flechte nimmermehr!

Man streut, indem man die Formel spricht, Pottasche gegen den Wind in ein fließendes Gewässer. Bedingung ist, daß man bei der Handlung nackt ist und vor und nach derselben kein Wort spricht. *(Königsberg.)*

### Gegen schwarze Flecken (poln. skaz).

Es ging der Herr Jesus einen Weg und begegnete der Mutter Gottes. Wohin gehst du, Mutter Gottes? Ich gehe zu der getauften N. N., das Blut säen und die Knochen brechen, und ich verbiete es dir. Gehe dahin, wo die Glocken geläutet und die Lieder gesungen werden, durch des Sohnes Gottes Macht, durch des heiligen Geistes Hilfe.

Vater unser etc. Dreimaliges Kreuzschlagen im Namen etc. und dreimaliges Wegpusten.

*(Töppen, S. 50.)*

### Gegen die Fußsparr.

Fußsparr = Schmerz und Geschwulst an den Füßen und Beinen.

N. N., du hast den Fußsparr siebenmal,
Nein, nicht siebenmal – sechsmal,
Nicht sechsmal – fünfmal,
Nicht fünfmal – viermal,
Nicht viermal – dreimal,
Du sollst nicht dreimal – zweimal,
Nicht zweimal – einmal,
Du sollst nicht einmal – keinmal.
Im Namen etc.

Dreimal.

*(Plimballen bei Kraupischken.)*

### Gegen die Gelbsucht.

Der Kranke benetzt Leinwandläppchen mit seinem Urin und läßt diese an der Sonne oder auf dem Schnee bleichen.

Man höhlt eine große Gelbmöhre aus; der Kranke uriniert in dieselbe, und nun wird die Möhre nebst Inhalt in den Rauch gehängt. So wie der Urin verdampft, verschwindet auch die Gelbsucht. *(Samland.)*

Läuse auf Butterbrot genossen, vertreiben die Krankheit. Vgl. *Fieber* und Töppen, S. 54.

Gelbsüchtige lassen sich den Abendmahlskelch holen und spiegeln sich in demselben, oder tun dasselbe auch wohl in der Kirche und meinen dadurch ihre Gesundheit herzustellen. *(Töppen, S. 12.)*

## Wider das Geschoß.

Geschoß ist die Krankheit, bei der sich Knochensplitter aussondern. Man bestreicht mit einem Feuerstahle die kranke Stelle hin und her, dreimal vor Sonnenaufgang oder nach Sonnenuntergang, und spricht dreimal:

1.  Christus ging auf einen hohen Berg,
    Er begegnete dem Geschoß.
    Geschoß, wo gehst du hin?
    Ich gehe den Menschen die Knochen ausbrechen,
    Das Blut aussaugen.
    Geschoß, ich verbiete es dir,
    Gehe wo die Glocken klingen
    Und die Evangelien singen!
    J. N. G. etc.
    *(Bürgersdorf bei Wehlau. N. Pr. Prov.-Bl. VIII, S. 23.)*

2.  Ich komm' zu dir getreten.
    Wer hat dich denn gebeten? –
    Zwischen Fell und Futter,
    Zwischen Fell und Blut,
    Du sollst verschwinden,
    Wie der Segen des Herrn verschwand,
    Da ich den bösen Wurm bezwang.
    Im Namen etc. *(Wehlau.)*

## Gegen Geschwulst.

Die kranke Körperstelle wird mit einem Feuerstahl überstrichen.

1.  Jungfer Maria ging in den Rosengarten,
    Ich ging mit ihr.
    Jungfer Maria fing da an zu raten:
    Für Reißen, für Spleißen, für gelbe Geschwulst.
    Jesus Christus war dabei.
    Jungfer Maria sprach:
    Du sollst nicht reißen,
    Du sollst nicht spleißen,
    Du sollt verschwinden wie eine glühende Feuerkohle.
        Im Namen etc.                    *(Wehlau.)*

2.  Jesus Christus ward verwund't,
    Fuhr gen Himmel und wurd' gesund.
    Du sollst nicht schwellen,
    Du sollst nicht källen,
    Du sollst nicht reißen,
    du sollst nicht spleißen,
    Du sollst stehen, wie Jesu Wunde stund.
        Im Namen etc.
        Oder: Du sollst nicht schwellen,
    Du sollst nicht källen,
    Du sollst nicht wehe tun.
        Im Namen etc.                    *(Wehlau.)*

3. Schwulst, du sollst weg und weichen, wie die Wolken am
Himmel verstreichen. Im Namen etc.
**Vergl.** *Rose.*                    *(N. Pr. Pr.-Bl. a. F. XI, S. 158.)*

65

## Gegen Geschwüre.

Geschwüre kann man sich zuziehen, wenn man während der Zwölften (25. Dezember bis 6. Januar) Erbsen und Bohnen ißt.

*(Pisanski, N. 25, § 16.)*

Um Geschwüre zu vertreiben, geht man bei zunehmendem Monde auf den Kreuzweg, sieht den Mond an und sagt: »Was ich sehe, laß zunehmen, was ich nicht sehe, abnehmen.«

*(Littauen.)*

Hat man ein Geschwür an einem Fuße, so stellt man denselben auf einen Rasen, schneidet das Stück Rasen, das unter dem Fuße liegt, aus dem Boden und legt es mit der grünen Seite auf einen Zaunpfahl – das Geschwür verschwindet.

*(Labiau.)*

Besprechungsformeln:

1.  Christenblut, du sollst nicht schwären
    Bis Maria, Gottes Magd,
    Wird einen Sohn gebären.  *(Alt-Pillau.)*

Gegen ein krebsartiges Geschwür:

2.  Der Herr ging zu ackern auf des Herrn Acker,
    Er nahm drei Fuhren im dürren Wackern,
    Er fand drei Würmer,
    Der erste hieß »Gehwurm«,
    Der zweite hieß »Streitwurm«,
    Der dritte hieß »Haarwurm«.
    Alle Würmer, haltet ein,
    Lasset ab von des Nächsten Fleisch und Bein!

*(Neudorf bei Graudenz.)*

3. Es gingen die Apostel, untereinander Brüder, und begegneten dem Herrn Christus selbst. Wohin geht ihr drei Apostel, untereinander Brüder? Wir gehen zu der getauften N. N., das dreimal neunfach geschossene Geschwür segnen. Gehet und segnet mit meiner, meiner und aller (Heiligen) Hilfe dieses dreimal neunfach geschossene Geschwür. Woher entstand es? Ob vom Sitzen oder Liegen, oder Trinken, oder ..., oder von

der Sonne oder von den Sternen? Daß es verschwinde so still und leicht als möglich, daß es nicht rüttele, schüttele und reisse in seinem Leibe, seinem Blute, seinem Gehirne, seinen Knochen, daß es gehe in dunkle Wälder, in dunkle Wolken, auf hartes Gestein. Da ist seine Ruhestätte bis zum jüngsten Tage.

Vater unser. Dreimaliges Bekreuzen im Namen etc. ohne Amen. *(Töppen. S. 50.)*

Das geschossene Geschwür (strzelany wrzod) heißt auch der *schwarze Umlauf.* Der schwarze Umlauf am Finger heilt nicht eher, als bis über ihm ein Gewehr abgeschossen ist. *(Töppen, S. 54.)*

Gegen den *Umlauf* findet sich bei Töppen, S. 50, folgende Besprechungsformel:

4. Es ging ein heiliger Engel einen Weg, da begegnete ihm der Herr Jesus selbst. Wohin gehst du, heiliger Engel? Ich gehe zu der getauften N. N., den Umlauf versegnen. Gehe und befreie sie aus allen Gliedern vom Kopfe bis zur Zehe. Gott Vater, Sohn und heiliger Geist, und diese drei sind eins. Nicht durch meine etc. Das Vaterunser dreimal.

## Wider die Gicht.

1. Man sucht sich, im Wald oder sonstwo, eine Fichte. Zu dieser begibt man sich zu drei verschiedenen Malen, hintereinander, stets entweder vor Sonnenaufgang oder nach Sonnenuntergang. An der Fichte fällt man auf die Kniee nieder und umkriecht dieselbe dreimal, indem man beim jedesmaligen Herumkriechen spricht:

Ich komme zu dir, Ficht',
Und klage dir meine neunundneunzigerlei Gicht.
Ich klage sie nicht mir,
Sondern dir.
J. N. G. etc.
*(Bürgersdorf bei Wehlau. N. Pr. Pr.-Bl. VIII, S. 21.)*

67

2. Man nimmt drei Kohlen und einen Feuerstrahl in die linke Hand. Dann nimmt man eine Kohle nach der andern in die rechte Hand und spricht dabei jedesmal:

J. N. G. etc.

Jesus in den Garten ging, nahm die Brandfeuer in die Hand. Du getaufter N. N., ich rate dir für neunerlei Feuer: für Knochenfeuer, für Gliederfeuer, für gichtiges Feuer, für sengendes Feuer, für rotes Feuer, für schwarzes Feuer, für blaues Feuer, für gelbes Feuer und für springendes Feuer. Nicht schwelle, nicht källe, nicht riete, nicht spliete, nicht eut're und auch nicht Blut fasse! J. N. G. etc. Vater unser etc.

Jesus ging in den Rosengarten, fiel auf seine Kniee und löschte die reißende Gicht mit der ewigen Feuersglut. J. N. G. etc.

Nach dem Raten werden die reißenden Stellen mit den Kohlen bestrichen, und der Ratende pustet dreimal auf die kranken Stellen. *(Angersburg.)*

Vgl. Wider das Feuer, Nr. 5.

3.  Ich grüße dich, Birk' und Ficht',
    Auf siebenundsiebzigerlei Gicht!
    Sie plaget nicht mich, sie plaget doch dich.
    Hast du sie nicht 77 mal, so hast du sie doch 65 mal,
    Hast du sie nicht 65 mal, so hast du sie doch 54 mal,
    Hast du sie nicht 54 mal, so hast du sie doch 43 mal,
    Hast du sie nicht 43 mal, so hast du sie doch 32 mal,
    Hast du sie nicht 32 mal, so hast du sie doch 21 mal,
    Hast du sie nicht 21 mal, so hast du sie doch 10 mal,
    Hast du sie nicht 10 mal, so hast du sie doch eins und
                                                    keins!

Im Namen etc. *(Pillkallen.)*

### Gegen einen schlimmen Hals.

Einen schlimmen, bösen, d. h. kranken Hals bekommt man, wenn man mit Katz und Hund aus einem Teller ißt.

*(Dönhoffstädt.)*

Wenn das Zäpfchen angeschwollen und dadurch, größer geworden, die hintere Zunge berührt, so sagt man: die *Hucke, d. i.* das Zäpfchen, *ist herabgefallen.* Die Hucke muß wieder aufgezogen werden, was gewöhnlich mit einem Löffelstiel geschieht, den man gegen das Zäpfchen drückt; derartig erkrankte Kinder läßt man auch auf einen Schemel oder niedrigen Tisch steigen, faßt einige Wirbelhaare und läßt die Kinder auf den Boden springen. Die Haare reißen aus und die Huck' ist aufgezogen.

Kleinen Kindern hängt man gegen Halsschmerzen ein Beutelchen um den Hals, worin sich die abgeschnittenen Vorderfüße eines Maulwurfs befinden.

Besprechungsformeln:

1. Man streicht den Hals mit den Daumen, die man mit Speichel anfeuchtet oder in Fett getaucht hat und spricht dreimal:
   Die Mandeln und die Huken,
   Das Schloß kann nicht schließen (plattd. schluten).
   J. N. G. etc.
   *(Bürgersdorf bei Wehlau. N. Pr. Pr.-Bl. VIII, S. 26.)*

2. Maria ging über die lange, grüne Brücke,
   Begegnete Jesum Christum,
   Jesus Christus fragte Maria: Wo gehest du hin?
   Ich gehe dem getauften Karl Klaus vor den schlimmen Hals raten.
   Geh, rate ihm!                          *(Allenburg.)*


### Gegen Hartspann.

Hartspann, d. i. Herzgespann, Herzspannung, eine Verschwellung unter den kurzen Rippen, bekommt man, wenn man mit ausgespreizten Armen in der offenen Tür steht. Auch

69

stellt sich die Krankheit ein, wenn man einen gefüllten Topf oder ein Trinkgefäß über die Öffnung hin faßt und so trägt. (Dönhoffstädt.) Geht man zwischen den abgesetzten Eimern einer Tracht Wasser hindurch, so bekommt die Trägerin oder der Träger des Wassers den Hartspann.

Die Krankheit wird durch Streichen gehoben. Dabei spricht man:

> Hartspann, öck doh die strieke,
> Dat du michst wieke
> Von de Röbbe,
> Wie e Koh von de Kröbbe. *(Plibischken.)*

## Hautkrankheiten

aller Art, Ausschläge etc. werden durch ein Bad im Freien am ersten Osterfeiertage vor Sonnenaufgang gehoben.

## Gegen den Biss des tollen Hundes.

1. Ist ein Mensch oder ein Stück Vieh von einem tollen Hund gebissen worden, so schreibe man folgende Worte auf einen Zettel und gebe dies dem Gebissenen ein:

> Gott allein die Ehr',
> Sonst keinem andern mehr!
> *Co sza Niosz.*

2. Oder man schreibe auf ein Stück Butterbrot die 25 Buchstaben:

$$N \quad A \quad T \quad O \quad R$$
$$A \quad U \quad T \quad N \quad O$$
$$T \quad E \quad P \quad U \quad T$$
$$A \quad U \quad T \quad N \quad O$$
$$R \quad O \quad T \quad U \quad R$$

und lasse es vom Gebissenen aufessen.

*(Neudorf bei Graudenz.)*

In den N. Pr. Prov.-Bl. VIII, S. 24, heißt die letztere Formel:

$$\begin{array}{ccccc} S & A & T & O & R \\ A & R & E & P & O \\ T & E & N & E & T \\ O & P & E & R & A \\ R & O & T & A & S \end{array}$$

Auch v. Tettau und Temme haben S. 270 dieselbe Formel und bemerken, daß sie, auf kleine Zettel geschrieben, zum Eingeben oder Einreiben gegen verschiedene Krankheiten, insbesondere aber gegen die Folgen des Bisses eines tollen Hundes, angewendet wird.

3. Ich werde den Stall dieses getauften N. N. segnen gegen den tollen Hund. Es gingen sieben Apostel, alle untereinander Brüder. Wohin geht ihr sieben Apostel, alle untereinander Brüder? Wir gehen den Stall dieses getauften N. N. gegen den tollen Hund segnen. Gehet hin und segnet in meinem Namen. Was machen die Tollen? Sie schlafen. Laßt sie schlafen. Nehmet Wolle und Baumwolle und verstopfet ihre Wunden, auf daß es nicht schreie und nicht brülle und nicht die Wände hinaufklettere, sondern daß es sich beruhige, wie das Wasser im Jordan, als der heilige Johannes den Herrn Jesus taufte. Nicht durch meine, meine etc.

*(Töppen, S. 48.)*

4. Sprich das Gebet des Herrn. Unser Herr Jesus Christus, als er mit seinen Jüngern wanderte und sie ihn baten, daß er von dem Biß des tollen Hundes und der Hündin heilete, sprach er: Heilet mit Gottes Macht und mit des Sohnes Gottes und des heiligen Geistes Hilfe. Das Wasser im Meere stand stille, als Gottes Mütterchen ihren Sohn badete, so möge denn das Tier stille liegen, o Monatchen Mai (?), und das Gift von sich gehen durch Gottes und des heiligen Geistes Hilfe. Im Namen Gottes etc.

Du sollst, die Hände gefaltet, dreimal den Kranken umgehen, ein anderer muß vor dir alle Hindernisse wegräumen.

*(Töppen, S. 46.)*

71

## Wider die Keile.

Keile nennt man das übermäßige Großwerden des Hodensacks, von welchem Übel zuweilen kleine Knaben betroffen werden. Man heilt dasselbe auf folgende Weise:

Man sucht im Walde eine Eiche, etwa von der Stärke eines Mannesarmes, spaltet den Stamm derselben dergestalt auf, daß das kranke Kind bequem hindurch gestreckt werden kann, und sucht das Zusammenschlagen der Spalte durch festes Hineintreiben großer Keile zu verhindern. Ist dies alles vorbereitet, so wird mit dem kranken Kinde in aller Stille zu dem Baume hingegangen und dort dasselbe dreimal durch die gemachte Spalte hindurchgesteckt. Hiernach werden drei ganz kleine, dünne Keile in die Spalte gesteckt und die großen Keile herausgenommen. So wie nun der Baum wieder zusammenwächst, so auch schwindet die in Rede stehende Krankheit.

*(Wehlau.)*

## Wider den Knarrband.

Unter Knarrband versteht man diejenigen Schmerzen in den Gelenken, mit welchen, wenn man das leidende Glied bewegt, ein Knacken verbunden ist. Das Raten gegen denselben geschieht auch zu drei verschiedenen Malen vor Sonnenaufgang und nach Sonnenuntergang. Jedesmal wird folgende Formel dreimal gesprochen, indem man das kranke Glied, z. B. die Hand, durch eine Lehmwand steckt:

1. Ich stecke meine Hand durch die Lehmwand
   Und rate mir wider den Knarrband,
   Daß er nicht reißen, nicht källen, nicht schwellen mag.
   J. N. G. etc.
   (Deck stöck min' Hand dörch de Lehmwand
   On bödd fa mine Knarreband.
   J. N. G. etc.)     *(Samland.)*

Man steckt das kranke Glied auch wohl zwischen eine offene Tür, hinten an den Bändern, und spricht:

72

2. Türgängel, dir klage ich,
   Der Knarrband, der plagt mich,
   Nimm du ihn von mir ab
   Und trag' ihn bis an den jüngsten Tag.
                    J. N. G. etc.
              *(Bürgersdorf bei Wehlau. N. Pr. Pr.-Bl. VIII. S. 23.)*

3. An einem Donnerstagabend bei Neulicht knieen Patient und Besprecher jeder auf einer Seite der Türschwelle nieder. Letzterer spricht, indem er mit einer Art dicht neben die auf die Schwelle gelegte Hand des Kranken schlägt:

                    Deck hack, öck hack!
Der Kranke:        Na wat denn?
Der Besprechende:  Dat Knarrband.

Geschieht dreimal. Alsdann wird eine seidene Violin-E-Saite fest um die Hand gebunden und drei Tage getragen.
                                        *(Plibischken.)*

### Gegen Kolik.

1. Kolik, werde gut,
   Ich beschwör' dich bei dem heiligen Blut,
   Du darfst mich nicht quälen bis zum Grab,
   So wahr der Herr seinem Sohn das Leben
                    wiedergab.

Hierbei fährt man mit der Hand um den Bauch und schüttelt ihn bei Nennung der höchsten Namen.
                              *(Neudorf bei Graudenz.)*

2. Wehremutter, Beremutter,
   Du willst Blut lecken,
   Das Herz abstoßen.
   Nein, das sollst du nicht tun.
   Du bist von Gott gesandt,
   Du sollst gehen in deinem (!) Ruhestand.
                    Im Namen etc.
Dreimal.          *(Plimballen bei Kraupischken.)*

3.  Bermutter, ich beschwöre dich
    In meinem Namen und in deinem Namen,
    Wir alle zusammen
    Am jüngsten Tag
    In einem Grab!                        *(Allenburg.)*

Grimm, Myth. S. 1111, weist nach, daß Bermutter für Kolik und Ruhr genommen worden ist, eigentlich aber die Mutterkrankheit bezeichnet. Vgl. auch Zeitschr. f. d. Myth. und Sittenk., IV, S. 109.

4. Koolke, gehe auf dein heiliges Bettchen und verursache mir keine Schmerzen in meinem Kopfe, in meinem Marke, in meinem Herzen, in meiner Planz, in meiner Leber, in meinen ganzen Eingeweiden.

J. N. G. Vaterunser ohne Amen. Dreimal.

*(Angerburg.)*

5. Krampf-Koolke, ich breche dich und bespreche dich im Namen des Herrn Zebaoth! Gott der Herr hat's befohlen: An dem Ort, da dich Gott gesetzet hat, sollst du ruhen und nicht weiter gehen.

Im Namen etc.                        *(Pillkallen.)*

·6. Die Besprechende (denn am besten wirkt eine Frau und zwar eine alte) faßt die Magen- oder Kopfgegend, an welcher der Leidende Schmerz empfindet und drückt sie fest zusammen, sooft sie die Bannformel spricht. Diese wird neunmal wiederholt *(die Kunst der Neunen)* und nach je dreimaligem Hersagen das Vaterunser einmal gebetet.

Die Formel lautet:

> Im Namen etc. Amen! Frau Mutter, ich packe dich, ich drücke dich, geh du nur zur Ruhe in deine Kammer, wo dich der liebe Gott erschaffen hat!

Die »Frau Mutter « ist die *Mar.* Vergl. Grimm, Mythologie, S. 433, 993, 1011, 1193 ff. Reusch, Sagen des Preuß. Samlandes. Zweite Aufl. Königsberg 1863. S. 2. N. Pr. Pr.-Bl. III, S. 472. Töppen, S. 31.

7. Mutter Macica*) (Kolik) Widersacherin der Mutter Gottes, ich bitte dich durch Gott den Vater, durch Gott den Sohn, durch Gott den Sohn (?) und durch die ganze heilige Dreieinigkeit, daß du dich jetzt schon beruhigest, die Seele und den Leib nicht kränkest, sondern daß du dich hinlegest auf das Kopfkisschen, welches dir der Herr Christus selbst mit seiner Spanne abgemessen.

Vater unser etc. Dreimaliges Kreuzschlagen, kein Amen.

*(Töppen, S. 50.)*

8. Vater unser etc. Es ging Gottes Mütterchen bei übelem Befinden zu heilen und zu stillen die Macica. Wie dieser Stein in der Erde liegt und nimmer gerührt wird, so soll auch sofort die Macica bei diesem Getauften (Namen) sich nicht wieder aufrühren. Durch Gottes Macht, des Sohnes und des heiligen Geistes Hilfe soll sie sich beruhigen, ganz ruhig und stille sein. Du Macica, sofort hast du ein aufgemachtes Bette, darum sollst du ruhen bei diesem Getauften (Namen) und sollst dich nicht mehr aufrühren, ihn auch nicht quälen. Durch Gottes Macht etc. Im Namen etc. Amen, Amen , Amen!

*(Töppen, S. 47.)*

Wird ein Pferd von Kolik geplagt, so reitet man auf demselben dreimal um den Kirchhof, und das Übel ist gehoben.

*(Darkehmen.)*

### Gegen Kopfschmerzen.

Gegen Kopfschmerz hilft Fasten am Karfreitage. (Vom Aberglauben etc. Pr. Pr.-Bl. VIII, S. 186 f.)

Bei Kopfschmerzen muß man Hauslauch (Sedum) in einem Tuch um den Kopf binden. *(Littauen.)*

---

*) Über die Macica *(Kolik, Magenkrampf)* s. Töppen, S. 27 f. Man hält in Masuren die M. für ein lebendiges, eigenartiges Wesen im menschlichen Körper, das einige als Käfer, andere als eine nach Art der Quappenleber geformte wurmartige Masse denken. Dieses Wesen soll, wie der Bandwurm, erblich sein.

Man legt (setzt) dem Leidenden einen Topf mit Wasser auf den Kopf und legt einen Stahl hinein.

*(Töppen, S. 54.)*

Formel:

Petrus sprach zu Jesu: Mein Kopf tut mir so weh.
Jesus sprach zu Petro: Geh, verbind' deinen Kopf.

*(Goldap.)*

### Gegen Krämpfe.

Wenn man in der Johannisnacht zwischen 11 und 12 Uhr Beifuß gräbt, so findet man unter der Wurzel Kohlen. Dieselben sind, pulverisiert eingenommen, ein unfehlbares Mittel gegen Krämpfe.

Im Samlande gibt man gegen Krämpfe drei Blutstropfen von einer jungen Sau, die zum ersten Mal geferkelt hat, ein, und zwar im Namen Gottes des Vaters etc.

Die Masuren nennen Krämpfe eine Strafe Gottes. Auch sagen sie bei Krämpfen: Der Herr Jesus hat ihn gefunden. Wer das erste Mal diese Krankheit an jemand sieht, ritzt mit der Nadel ein Kreuz auf die Brust, daß das Blut hervorquillt, damit die Krämpfe vergehen. – Auch bedeckt die Mutter das von Krämpfen befallene Kind mit ihrem Trauungskleid.

*(Hohenstein. Töppen, S. 56.)*

Vgl. Epilepsie.

### Gegen Leibschmerzen

der Pferde oder Kühe wendet man in Littauen das Mittel an, daß man das betreffende Tier dreimal um den Kirchhof reitet oder führt. Vergl. Kolik.

## Wider die kleinen Leute.

Kleine Leute nennt man in der Gegend von Wehlau die Schmerzen im Kopfe, mit denen ein Stechen verbunden ist.

Um sie zu vertreiben, gießt man in eine reine Schale reines Wasser, schneidet dann neun Zweige von einem Kirschbaume ab und teilt diese Zweige je wieder in 9 Stücke. Darauf fährt man mit dem Messer, mit welchem die Zweige geteilt waren kreuzweise durch's Wasser und spricht dabei einmal:

1. N. N., ich rate dir für die kleinen Leute:
    Für die roten,
    Für die blauen,
    Für die schwarzen,
    Für die grauen,
    Für die gelben,
    Für die grünen,
    Für die weißen –
    Kleine Leute, geht von dem (der) N. N. fort!
            Im Namen etc.

Dann werden die geschnittenen Stäbchen kreuzweise in's Wasser geworfen und die vorstehende Formel noch zweimal gesprochen, wobei jedesmal, ebenfalls kreuzweise, mit dem Messer durch's Wasser geschnitten wird.              *(Wehlau.)*

2. Ihr kleine Leut',
    Ihr liebe Leut',
    Alle die ihr seid!
    Geht hinaus aus dem Haupt,
    Geht hinaus aus dem Leib und Bein,
    Geht hin zum Wasser, da liegt ein breiter Stein,
    Da werdet ihr finden zu essen und zu trinken!
    Im Namen etc.                      *(Wehlau.)*

Diese *kleinen Leute* in der Wehlauer Gegend sind unstreitig mit den »farbigen Leuten« (kraszno lutki) der Masuren verwandt, denen sich die »weißen« und »kalten Leute« zugesellen. Sie werden als Kobolde oder Würmer gedacht, welche den

Menschen in seinem Innern plagen, quälen und allmählich verzehren. Streut man Asche (Zwölftenasche, d. h. in den Zwölften gebrannte Asche. Vgl.: Der Hirte) um den Kranken, so weichen sie, ja man sieht dann sogar ihre Fußspuren. Töppen handelt über sie ausführlicher, S. 22 ff.

3. Ob jemand mit weißen Leuten (biate ludzie) behaftet sei, erkennt man in Masuren so: Man nimmt drei Kirschruten zusammen und schneidet sie in kleine Stückchen, indem man spricht:

Eins nicht eins, zwei nicht zwei etc. bis neun nicht neun! und dieses Verfahren dreimal wiederholt, so daß man dreimal 27 oder 81 kleine Stäbchen erhält. Diese Stäbchen nun wirft man in eine Schale voll Wasser, das man betend bekreuzt und segnet. Der Segen, in welchem der Vornamen des Kranken genannt werden muß, lautet:

Über den (Gottlieb) Getauften komme Gott Vater, der Sohn und der heilige Geist!

Amen wird nicht hinzugesetzt. Bleiben alle Stäbchen schwimmen, so ist der Genannte von weißen Leuten frei, geht aber ein Teil derselben unter, so ist er mit ihnen behaftet und zwar in dem Grade, als das Verhältnis der untergegangenen zu den schwimmenden Stäbchen angibt. Zur Bannung der Krankheit ist alsdann folgender Zauberspruch mächtig:

Weicht ihr weißen Leute von diesem getauften (Gottlieb), fort aus seiner Haut, aus seinem Leibe, aus seinem Blut, aus seinen Adern, aus seinen Gelenken, aus seinen Gliedern! Fern im Meere ist ein großer Stein, dahin gehet, dahin fahret, dort trinket, dort zehret! Durch die Macht Gottes, durch den Sohn Gottes, durch den heiligen Geist!

Dieser Spruch wird dreimal wiederholt und zuletzt auch noch Amen hinzugesetzt, während man, die Schale in der linken Hand haltend, das Wasser nebst den Stäbchen mit der rechten auf den Herd verspritzt, so daß beim Schlusse alles Wasser ausgegossen ist.

Die Kranken, welche bleich aussehen, unlustig zur Arbeit

sind, an Schlaflosigkeit und Erschlaffung der Glieder *(Bleich-sucht)* leiden, werden dadurch wieder gesund.

*(N. Pr. Pr.-Bl. III, S. 473. Töppen, S. 24.)*

4. Weiße Leute, kalte Leute (oder, wie die Deutschen sagen: kleine) weichet von diesem getauften (Daniel), plaget, quälet, und verderbet ihn nicht an seinem Herzen, seinen Gliedern und Knochen durch die Kraft des Sohnes Gottes, Mutter Gottes und alle seine heiligen Engel, daß er (ihr?) ihn nicht plaget, quälet und verderben möget; daher weichet lieber und gehet in die grünen Wälder und trocknen Wüsten, auf daß ihr nicht plagen, quälen und verderben möget diesen getauften (Daniel) durch die Kraft Gottes und Beistand des heiligen Geistes. Und so wie dieser heller Tag und erfreulicher Tag ist, laß er auch so erfreu-lich und säuberlich sein, durch die Kraft Gottes und Beistand des heiligen Geistes.

*(Kirchenchronik zu Friedrichshof. Töppen, S. 23.)*

5. Man schneidet von neunerlei Holz, z. B. Kaddik (Wachol-der), Erle, Birke etc. bis 40 Paar Hölzchen; dabei muß man das Wasser nicht von sich ab, sondern gegen sich ziehen. Die Hölz-chen werden unter einem Ästchen abgeschnitten, so daß sie mit diesem die Gestalt eines Häkchens haben, auch müssen sie immer paarweis geschnitten werden. Dann besorgt man Don-nerstag nach Abendbrot und zwar bei abnehmendem Licht – die Besprechungen der kleinen Leute müssen stets an einem Donnerstag und bei abnehmendem Lichte vorgenommen wer-den – aus einem fließenden Wasser, ohne zu sprechen und ohne sich umzusehen, einen Eimer oder ein Kübelchen Wasser, macht es warm und gießt es, wobei Türen und Fensterladen geschlossen werden, dem Kranken, der in einer Waschwanne sitzt, über den Kopf. Die Hölzchen werden paarweise in das Wasser geworfen, der Kranke wird mit dem Wasser gewaschen, besonders die Ohren und die Nasenlöcher, die Achselgruben, die Weichen und die Kniekehlen. Während des Waschens wer-den neun Vaterunser gebetet, aber kein Amen gesprochen. Nun steigt der Kranke aus der Teine, zieht ein neues Hemde an und sieht, wie viele der Hölzchen in dem Wasser oben schwimmen

und wie viele untergegangen sind. Wieviel Paare der Hölzchen untergegangen sind, so viel kleine Leute hat der Kranke noch in sich. Diese Hölzchen werden in ein Tuch geschlagen, und der Kranke trägt sie auf bloßem Körper, gleichviel ob unter dem rechten oder unter dem linken Arme, bis zum nächsten Donnerstage. Auch Silber, meist ein Geldstück, muß der Kranke in dieser Zeit bei sich tragen, und darf in derselben nichts aus dem Hause weggebracht werden, weil schlechte Menschen beim Abgeben des Geborgten Possen machen könnten. Das gebrauchte Wasser wird in demselben Eimer in dasselbe fliessende Wasser ohne Umsehen und Sprechen zurückgetragen.

Am nächsten und am dritten Donnerstag wird dieselbe Prozedur wiederholt. Manchmal schwimmen die Hölzchen schon beim zweiten Bade sämtlich; beim dritten müssen sie alle schwimmen, oder die Krankheit ist unheilbar.

*(Töppen, S. 24.)*

## Das Maß verloren.

Unter Maß versteht das Volk entweder die Übereinstimmung der Dimension von Fingerspitze zu Fingerspitze bei gerade ausgebreiteten Armen mit der Länge des Körpers vom Scheitel bis zur Sohle; oder von der linken Schulter zum rechten Fuß mit der von der rechten Schulter zum linken Fuß.

Der Kranke, an dem das Maß geprüft werden soll, legt sich auf die Erde; Verlust des Maßes deutet auf Verlust des Lebens.

Das verlorene Maß, oft durch »Verbrechen« beim Heben schwerer Sachen erzeugt, kann wiederhergestellt werden durch das sogenannte Ziehen; oder durch Verbrennen des Maßunterschiedes unter gewissen Spruchformeln, deren ich jedoch keine habe erlangen können.

*(Hintz, S. 118. Preuß. Sprichwört., Nr. 2555.)*

80

## Gegen Mitesser.

Wenn ein Kind abmagert, so hat es die Mitesser. Um diese zu vertreiben, geht eine alte Frau mit dem Kinde auf den Kirchhof an das Grab des zuletzt beerdigten Kindes. Hier bohrt sie mit einem langen Stabe durch das Grab bis auf den Sarg und klopft dreimal an denselben an. Meldet sich der Tote – was unfehlbar geschieht –, so wird das Kind gesund. – Auch schiebt man das Kind in einen Backofen, der nach dem Gebrauch noch stark erwärmt ist.                              *(Littauen.)*

## Starkes Nasenbluten

kann man stillen, wenn man den kleinen Finger der linken Hand mit einem Faden fest umwickelt.
                                        *(Dönhoffstädt.)*
Hilft das nicht, so wirkt folgende Besegnungsformel:
        Ein Kind geboren zu Bethlehem,
        Getaufet zu Jerusalem.
        Dort am heiligen Stein
        Soll mein Blut gestillet sein.        *(Samland.)*

## Die schwarzen Pocken

hinterlassen keine Narben, wenn während der Krankheit der Brotteig beim Aufnehmen stets recht glatt gestrichen worden ist.                              *(Dönhoffstädt.)*

## Gegen die Pogge.

Pogge nennt man die Geschwulst, welche sich zuweilen bei Kühen und Stuten, während sie tragend sind, am Unterleibe findet. Beim Raten gegen diese Geschwulst bestreicht man

81

mit der flachen Hand oder mit einem Feuerstahl die kranke Stelle und spricht zu drei verschiedenen Malen, entweder vor Sonnenaufgang oder nach Sonnenuntergang, und zwar stets dreimal Folgendes, z. B. bei einer Kuh:

1.  Die Kuh und die Pogg
    Die gingen zusammen in den Wald,
    Der Wald ging in die Schul',
    Die Schul hub an zu singen,
    Die Pogg fing an zu schlingen.
    
    Im Namen etc.

2.  Die Pogge und die Pol,
    Die gingen in die Schul' (plattd. Schol),
    Die Pol sang,
    Die Pogg schlang.
    Im Namen etc.
    
    *(Bürgersdorf bei Wehlau. N. Pr. Pr.-Bl.VIII, S. 27.)*

3.  Der Pogg und der Pol,
    Die gingen bei' zusammen in die Schol,
    Der Pogg der sprang,
    Der Pol verschwang. *(Allenburg.)*

4.  De Pogg fon de Pol,
    De ginge beid tosamme ön de Schol,
    De Pogg de sung,
    De Pol verschwunk. *(Allenburg.)*

5.  De Pogg on de Pol
    Ginge ön een' Schol,
    De Pol verdrunk,
    De Pogg verschwunk. *(Plibischken.)*

6.  Pogg, Pogg, öck rad' di,
    Hier öss e reine Jungfer, die verjagt di!

82

Die Geschwulst wird dabei mit der linken Hand dreimal über Kreuz gestrichen, während eine reine Jungfer (ein unschuldiges Mädchen) unter dem Bauche des kranken Tieres hindurch und wieder zurück kriecht. – Das Bestreichen der Geschwulst mit Öl oder einer anderen Fettigkeit wird nur als Nebensache betrachtet. *(Wehlack bei Rastenburg.)*

Töppen teilt, S. 99, ohne die Krankheit zu beschreiben, folgendes Heilverfahren mit: Man nimmt ein Tischtuch, legt es dem Tiere über den Rückgrat und beißt durch dasselbe in den Rückgrat, vom Halse ab.

*(Hohenstein.)*

*Pogge* = der Frosch. – In Masuren heißt *Frosch* (zaba) eine Geschwulst unter der Zunge der Menschen, Pferde und des Rindviehes (Mrongovius, deutsch-poln. Wörterb., 3. Aufl., S. 313.)

### Gegen die Rose.

1. N. N. ich rate dich (!) vor das Feuer und die Glut,
Ich löse dich mit meinem Schweiß und meinem Blut,
Du sollst nicht reißen und auch nicht spleißen,
Du sollst nicht schwellen und auch nicht schwären
Bis die Mutter Jesu den andern Sohn wird gebären.
Im Namen etc.

Ist dreimal zu sprechen, während man die linke Hand auf das Haupt des Kranken legt und mit der rechten über die Geschwulst von oben nach unten streicht.

*(Plimballen bei Kraupischken.)*

2. Man nenne den Kranken beim Taufnamen und spreche:
Ich überfahr' dich,
Gott der Herr bewahr' dich,
Gott der Herr ist der höchst Nam',
Der siebenundsiebzig Flüch' fällen und stellen kann.
In unseres Herrn Gottes Garten da stehen drei Rosen:

Die eine heißt »gut«,

Die andere heißt »nicht gut«,

Die dritte heißt »stehe still, du wildes Blut«.

Dreimal. Mit der Hand wird um die Rose gefahren und über Kreuz darauf gehaucht. *(Neudorf bei Graudenz.)*

3. Unser Herr Christus fuhr über das Meer,

   Stach sich am Speer,

   Das schwoll nicht,

   Das quoll nicht,

   Es kam kein Eiter,

   Es kam kein Blut

   Aus seinen heiligen fünf Wunden rot.

   Im Namen des Vaters etc. †††

Die Formel muß »ohne andere Gedanken« (Nebengedanken) hergesagt und ebenso müssen auch die drei Kreuze gemacht werden. *(Werder.)*

4. Ich gehe über die grüne Brücke,

   Begegne der heiligen Marie.

   Die heilige Marie fragt: Wo gehst du, wo schreitest du?

   Ich gehe und schreite zum getauften (Name),

   Seinen großen Schmerz und großen Anstoß zu besprechen,

   Und wenn es 'raus ginge aus seinem Kopfe,

   Aus seinen Händen, aus seinen Füßen und seinen Knochen,

   Und ginge in's tiefste Meer, wo kein Hahn danach kräht!

Aus dem Litauischen übersetzt. Der Einsender hat die Formel von einem Frauenzimmer, welches vielen damit geholfen haben will.

5. Ros' in's andre!

   Du mußt wandre

   Über das rote und weiße Meer

   Und tu' nimmer weh! *(Allenburg.)*

6. Der See liegt in dem Lande,
   Die Rose hackt in mein' Schweiß,
   Komm, heilige Dreifaltigkeit
   Und bring' die böse Rose aus meinem Fleisch.

7. Die Rose und die Weide,
   Die beiden stehn im Streite,
   Die Weide gewann
   Und die Rose verschwand.
Über die Rose wird kreuzweise gehaucht.

*(Plibischken.)*

Vergl. Grimm, Myth. S. 1196.

8. De Ros' de hefft so rot wie Kraft,
   De kalte Mann de Todeshand. (?)
   Im Namen des Vaters etc.

*(Goldap.)*

9. Unser Herr Christus ging in den Garten,
   Die heiligen Engel täten auf ihn warten,
   Unser Herr Christus blieb stille stehn:
   So soll dieser Schwulst vergehen.
10. Unser Herr Jesus ging durch ein Blumental, darinnen
waren drei Rosen; die eine hieß Gott Vater, die andre Gott Sohn,
und die dritte Gott heiliger Geist; also soll diese Rose auch sein.
Im Namen etc.                    *(N. Pr. Pr.-Bl. a. F. XI, S. 158.)*

11. Ich verbiete die Feuer und Geschwulst,
    Du sollst nicht schwelle,
    Du sollst nicht quelle,
    Du sollst nicht riete,
    Du sollst nicht spliete!          *(Allenburg.)*

12. Bedare das heißes Glut (sic!),
    Dich will ich löschen mit meinem Schweiß und Blut!
    Du sollst nicht reißen,

Du sollst nicht spreißen,
Du sollst nicht källen,
Du sollst nicht schwellen,
Du sollst nicht gähren,
Du sollst nicht schwären,
Du sollst nicht stechen,
Du sollst nicht brechen,
Du sollst nicht wehe tun!
          Im Namen etc.                           *(Pillkallen.)*

13. Es ging die Mutter Gottes einen grünen Steg und begegnete dem Herrn Christus selbst, der sie fragte: Wohin gehst du, Mutter Gottes? Ich gehe zu dem getauften N. N., die Rose segnen mit fünf Fingern und der sechsten Handfläche, und bitte, daß sie ihn nicht reiße, nicht rüttelte, das Gehirn nicht austrockene, das Blut nicht vergieße. Ist sie vom Winde, so gehe sie zum Winde, ist sie vom Wasser, so gehe sie auf das Wasser. Nicht durch meine etc.

14. Wohin gehst du, Mutter Gottes? Ich gehe zu dem getauften N. N., das Feuer besprechen, vom Feuer erlösen, vom rosigen Feuer, vom stürmischen Feuer, vom zornigen Feuer. Es schwimmt ein Federchen auf dem Meere so sehr leicht und so sehr still. Gib Gott, daß diesem getauften N. N. das Feuer, das rosige Feuer, das stürmische Feuer, das zornige Feuer, hinausgehe ohne Rütteln und Reißen, durch des Herrn Jesu, durch des heiligen Geistes und durch aller heiligen Engel Hilfe, im Namen Gottes etc.

15. Es ging die Mutter Gottes auf eine grüne Wiese, und ihr nach ging ihr Söhnchen. Wohin gehst du, liebe Mutter? Ich gehe die rosigen Geschwüre segnen, komm mit mir, liebes Söhnchen, du wirst mir behilflich sein. Gehe, liebe Mutter, segne ihn mit meiner, meiner, deiner Hilfe, daß sie verschwinden aus seinem Kopfe, seinem Gehirne, seiner Leber und allen Gliedern, so still und leicht, als möglich, durch Gottes Hilfe etc.

16. Im roten Meere steht ein Stein, darauf ein aufgemachtes, mit Baumwolle bedecktes Bett, dort hast du rosiges, durchlö-

chertes Geschwür deine Schlafstätte. Schlafe und ruhe aus bis zum jüngsten Gerichte. Im Namen Gottes etc.

*(Nr. 13-15 aus Töppen, S. 49.)*

17. Jesus ging im Dillgarten mit einem Brand in seiner Hand und sprach: »Du sollst nicht weiter sengen noch brennen.«

Diese Formel wird drei Tage hintereinander nach Sonnenuntergang je dreimal gesprochen; dabei pustet man jedesmal dreimal leicht auf die kranke Stelle, schlägt darüber segnend ein Kreuz und spuckt dreimal auf die Erde.

*(Töppen, S. 51.\*)*

### Gegen den Schlagfluß.

Der vom Schlage Getroffene wird so hingelegt, daß sein Schatten nicht auf den Besprechenden fällt. Dieser nimmt dann einen struppigen Besen, bestreicht mit demselben den Kranken dreimal und spricht dreimal:

1. Schlag und Mord schlug nieder,
   Da kam der Herr Christus und bracht' dich uns
   wieder.
Im Namen etc.                                          *(Wehlau.)*

2. Der Schlag und der Mord,
   Die gingen bei' zusammen durch eine enge Pfort',
   Der Schlag und der Mord schlug nieder,
   Da kam Jesus Christ und hilft wieder. (Allenburg.)

*Mord* = Schlagfluß. Vgl. Müllenhoff, S. 512, 12.

---

\*) Der oppositionelle Volkshumor persifliert die Besprechungen der Rose durch folgende Formel, die aus Jerrentowitz eingesandt ist:

Dat di nech d' Katt ablarrt,
Dat di nech dat Heck aknarrt,
Dat di nech de Hund abellt,
Dat't di nemme meh schwellt,
Dat' t di nemme meh rett,
Dat di de Hund wat sch –!

87

## Wider den Schlangenbiß.

1. Ist jemand von einer Schlange gebissen worden, und will man nun dagegen raten, so sticht man mit einem Messer auf dem Erdboden ein rundes Stückchen Erde, bestreicht mit demselben die Wunde und spricht:

> Die Schlange sticht,
> Christus spricht:
> Gift aus der Wunde,
> Heil' aus Herzensgrunde!
> J. N. G. etc.

Darauf schließt man mit dem Stückchen Erde wieder die Öffnung im Erdboden und hebt unmittelbar darauf ein zweites Stückchen aus demselben, wiederholt die Besprechung wie angegeben und verfährt ebenso auch zum dritten Male.

*(Bürgersdorf bei Wehlau. N. Pr. Pr.-Bl. VIII, S. 24.)*

2. Ist man von der Schlange gebissen, so nimmt man das erste bestes Stäbchen oder Spänchen, das man findet, zerbricht es stillschweigend in drei Teile, bestreicht mit jedem Stückchen die Wunde und spricht jedesmal:

> Die Schlange stach,
> Die Jungfrau sprach,
> Die Amarie schwur,
> Daß der Schwulst 'raus fuhr.

*(Labiau.)*

3. Grauer stach,
> Christus sprach,
> Maria sagt: Du sollst nicht sterben!
> Im Namen etc.

Ohne Amen.

*(Goldap.)*

4. »Die Schlange sticht!«
> Unser Herr Christus spricht.
> Hat unser Herr Christus dies nicht gesprochen,
> So hat die Schlange auch nicht giftig und tödlich gestochen. *(Samland.)*

5. Im Namen etc. Amen.

Die Schlange hat gebissen, der Teufel hat der Schlange das eingegeben, der Herr Gott hat dich erschaffen, der Herr Gott hat dir die Macht nicht gegeben; du sollst dieses Gift schleppen über die Wiesen, Brücher, Felder, wo es nichts schaden wird, nicht mit meiner Macht, sondern mit des Herrn Jesu Hilfe.

Dreimal Amen sagen und drei Ave Maria beten.

*(v. Tettau und Temme, S. 272.)*

6. Die Otter und die Schlang',
   Die spielen beid' im Sand,
   Die Otter beißt, die Schlange sticht,
   Gott den Vater vergesse nicht!            *(Allenburg.)*

7. Der von der Schlange Gebissene steckt den verwundeten Körperteil in Buttermilch, und dann wird gesprochen:
   Maria Gottes spielt' und sang,
   Ich rat für die Otter und für die Schlang'!
                Im Namen etc.

Oder:
   Die Schlange stach, die Otter biß,
   Mutter Maria schwur,
   Daß alles böse Gift hinausfuhr.
                Im Namen etc.            *(Wehlau.)*

8. Vater unser etc. Ich versegne euch durch Gottes Macht und des Herrgottes Hilfe, ihr Schlangen und weibliche Schlangen (węze, węzyce), ihr Ottern und weibliche Ottern (żmije, żmijice), ihr Feldwürmer und sämtliches Gewürm. Aus der Blüte (?) bist du geboren, der Teufel hat dich geschaffen, unser Herr Jesus gab dir den Geist, aber er gab dir kein Gift und keine Macht. Durch Gottes Macht und des Sohnes und des heiligen Geistes Hilfe, wie das Wasser dahin fließt, so soll auch dieser und dieses dahinfließen, im Namen etc.

Dann hauche dreimal auf die Wunde, begieße sie mit Wasser oder wasche sie aus.            *(Töpper, S. 45.)*

89

9. Schlange, du erster Sündenfall,
   Christus dir den Stachel nahm,
   Maria dir den Kopf zertrat,
   Daß du mußt liegen wie ein Stab!
      Im Namen etc. †††

*(N. Pr. Pr.-Bl. a. F. XI, S. 158.)*

10. Ich verfluche dich, verfluchtes Gewürm, im Namen des Vaters etc. Ich segne dich zugleich, du Ochse (Kuh), gegen alles Gewürm, welches der Teufel geschaffen, der Herrgott soll ... von Sonnenaufgang und bis Sonnenuntergang; der Herrgott hat es ihm verboten. Nun segne ich dich gegen ... gegen die männliche und weibliche Schlange, gegen die männliche und weibliche Natter, gegen die männliche und weibliche Blindschleiche, gegen die männliche und weibliche Eidechse, gegen die männliche und weibliche Maulwurfsgrille, und gegen männliche und weibliche Wiesel, nicht durch meine, meine etc. Vaterunser ohne Amen.

*(Töppen, S. 48.)*

### Gegen Scorbut.

Der Kranke stellt sich während der Besprechung mit offenem Munde gegen den Wind.

1. Mundfäul', walfischgelber Zahn,
   Ein kühler Wind, der weht dich an,
   Du magst sein weiß oder rot,
   So mußt du sein in dreien Tagen tot!

*(Plibischken.)*

2. Thomas ging über Feld,
   Es begegnete ihm Gott der Herr selbst.
   Gott sprach: Warum bist du so traurig?

Thomas antwortet: Warum soll ich nicht traurig sein,
Meine Zung' und Mund und Schlund will mir verfaulen.
Gott sprach: Geh hin zum Brunnen
Und trink des Brunnens kühlen Trank,
Spül' aus den Mund und bring' mir deinen Dank.

Ein erwachsener Mensch holt sich das Wasser zum Mundausspülen selbst. Dreimal zu wiederholen.

Zum Einreiben braucht man nebenbei, namentlich bei Kindern, Rosenhonig. *(Neudorf bei Graudenz.)*

3.  Job, Job, zieh über Land,
    Halt' den Stab in deiner Hand!
    Begegnet dir der Herr und spricht:
    Warum so traurig? so sprich zu Gott:
    Warum soll ich nicht traurig sein?
    Mein Mund und Schlund will mir verfaulen.
    Dann spricht dir Gott:
    Dort in dem Tal, da fließt ein Quell,
    Der heilet Mund, Zung', Schlund dir auf der
    Stell'!

*(Neudorf.)*

### Gegen Sommersprossen.

Sieht man im Jahre die erste Schwalbe, so muß man sich schnell waschen und abtrocknen. Kann man die Schwalbe dann noch sehen, so verliert man die Sommersprossen oder bleibt von ihnen verschont. *(Dönhoffstädt.)*

### Gegen den Urok.

Nach Mrongovius poln.-deutsch. Wb. Heißt Urok das Beschreien, Besprechen, Behexen, Bezaubern; in Masuren versteht man jedoch darunter Übelkeit, Kopfschmerzen, Schwindel. Der Urok ist die Folge von allerlei bösen Einflüssen und wird nicht immer auf böse Menschen zurückgeführt, sondern scheint vielmehr unsichtbaren Mächten zugeschrieben zu werden. Gewöhnlich jedoch erzeugt ihn der böse Blick.

*(Töppen, S. 37.)*

Zur Heilung des Urok wischt man bei einem Manne mit Frauenkleidern, und bei einer Frau mit Männerkleidern bloß über das Gesicht oder auch vom Kopfe bis zum Fuße des Kranken und spuckt dabei dreimal aus. Oder man fährt dem Kranken mit neun verschiedenen Tüchern oder Lappen über das Gesicht; auch genügt ein schon gebrauchtes Handtuch, wenn das Überfahren nur im Namen des dreieinigen Gottes geschieht.

*(Töppen, S. 51 u. 52.)*

Besprechungsformel:

1. Es ging Gottes Mütterchen durch einen Kastanien-Wald, es begegnete ihr Herr Jesus selbst und fragte sie: Wohin gehst du, meine liebste Mutter? Sie sprach: Ich gehe zu dem getauften N. N., dreimal neun uroki zu versegnen. Sprach zu ihr Herr Jesus: Gehe hin und versegne durch Gottes Macht, des Sohnes Gottes und des heiligen Geistes Hilfe und durch das heilge Evangelium. Im Namen etc. Amen, Amen, Amen!

*(Töppen, S. 47.)*

### Gegen Verrenkung.

1. Hat sich jemand ein Glied verrenkt, so nenne ihn beim Taufnamen und sprich:

Hast du den Fuß (die Hand etc.) verrückt und verrenkt?
Jesum Christum hat man an's Kreuz gehängt.
Wie ihm sein Hängen nicht schadet noch ficht,
So schadet dir dein Verrücken und Verrenken auch nicht.

Dreimal. Dabei wird die kranke Stelle mit beiden Händen über Kreuz zusammengedrückt.

*(Neundorf bei Graudenz.)*

92

2. Ich rate dir vor Verrenkt,
Streich' Ader mit Ader,
Streich' Blut mit Blut,
Streich' Knochen mit Knochen.          *(Allenburg.)*

3. Unser Herr Jesus Christus kam geritten nach Jerusalem, sein Roß stieß wider einen Stein und der Fuß des Pferdes war verrenkt. Bein soll wieder werden Bein und Ader zu Ader, im Namen Gottes etc. †††

*(N. Pr. Pr.-Bl. a. F. XI, S. 158.)*

Gegen gefährlichere Verrenkungen und Lähmungen durch Fall oder Stoß wurde früher, wie das aus dem Conitzer Hexenprozeß vom Jahre 1623 (Pr. Pr.-Bl. II, S. 114 f.) hervorgeht, folgendes Mittel angewandt: Der Kranke wurde mit »Knoblauch und Branntwein heiß geschmiert« und unter seinen Kopf wurde täglich Braunorant (blauer Tarant, *Gentiana Pneumonanthe*) gelegt.

## Gegen Warzen.

Die Warzen werden gezählt (in manchen Gegenden wird dabei auf jede Warze mit dem Finger getupft), dann werden so viele Knoten (Kreuzknoten) in einen Zwirnfaden geknüpft, als man Warzen zählte. Der Faden wird hierauf stillschweigend unter die Dachtraufe (in einen Düngerhaufen, unter einen Schweinetrog) vergraben; so wie der Faden verfault, verschwinden auch die Warzen. Im Ermlande werden über jeder Warze oft sogar drei Knoten geknüpft. Hin und wieder wird der Faden auch in ein Astloch gekeilt; so lange er in demselben bleibt, so lange bleiben die Warzen fort.

In Masuren wirft man den Faden einem Hausierjuden an den Sack.

*(Töppen, S. 55.)*

In der Tilsiter und Goldaper Gegend schneidet man in ein Leinwandläppchen so viele Löcher, als man Warzen hat und legt den Lappen dann unter einen Schweinetrog.

Wesentlich zur Heilung ist das Bedrücken der Warzen. Man nimmt dazu vorzugsweise weiße Erbsen; nach einigen sind für jede Warze drei nötig, nach andern genügen drei für alle Warzen, doch müssen sie gestohlen sein. (Samland.) Die Erbsen werden in's Feuer, aber auch in den Brunnen geworfen. So wie die Erbsen im Feuer oder im Wasser umkommen, so vergehen auch die Warzen. – In Masuren wird für jede Warze eine Erbse genommen. Hat man die Erbsen leise in den Backofen geworfen, was am besten, nachdem das Brot herausgenommen ist, geschieht, so läuft man schnell fort, damit man das Knallen derselben nicht hört. *(Töppen, S. 55.)*

Kann man aus einer Pfanne, in welcher Speck gebraten wird, unbemerkt drei Spirkel herausnehmen, mit diesen die Warzen bedrücken und die Spirkel wieder in die Pfanne legen, so verschwinden die Warzen. *(Ermland.)*

Man entwendet ein Stückchen Fleisch, bedrückt damit die Warzen und vergräbt es unter die Traufe. So wie das Fleisch verfault, so vergehen die Warzen.

*(Samland. Masuren; Töppen, S. 55.)*

Werden die Warzen mit einem frischabgeschnittenen, blutenden Hechtkopfe dreimal bedrückt, und vergräbt man diesen alsdann unter die Traufe, so schwinden die Warzen; sobald der Hechtkopf verfault. *(Dönhoffstädt.)*

Hat eine Frau Warzen, so muß sich ein Mann die Zahl derselben, ohne die Warzen gesehen zu haben, durch einen Dritten sagen lassen, in einen Faden Zwirn so viele Knoten knüpfen, als ihre Zahl beträgt und diesen Faden vergraben; dann verschwinden sie. Umgekehrt kann einem Manne auf diesem Wege nur eine Frau die Warzen vertreiben.

*(N. Pr. Pr.-Bl. I, S. 132.)*

Knüpft man so viel Knoten in einen Faden als man Warzen hat und läßt den Knoten von einem andern zählen, so bekommt dieser die Warzen. *(Samland.)*

Wer die Warzen anderer neugierig zählt, bekommt sie auf seine Hände. *(Friedland i. Pr.)*

Bei Grabgeläute geht der mit Warzen Behaftete stillschwei-

94

gend an ein fließendes Gewässer, schöpft stromab eine Hand voll Wasser, wäscht vorwärts gehend die Warzen und spricht dabei:

Sie läuten den Toten in das Grab,
Ich wasche meine Warzen ab. *(Labiau.)*

Sieht man zwei Personen auf einem Pferde reiten, so kann man seine Warzen verlieren, wenn man diese reibt und den Reitenden zu- oder nachruft:

Zwei, nehmt den Dritten mit!

Im Ermlande: Ihr Zwei, nehmt den Dritten mit. Adieu, Warzen!

Man sieht den Vollmond an und sagt dreimal:

»Da ist was und hier (indem man die Warzen berührt) ist nichts.«

Das wiederholt man drei Tage hintereinander.

*(Hohenstein. Töppen, S. 55.)*

Freitag vor Vollmond soll man den Mond ansehen und sprechen:

Was ich ansehe, nehme zu, und was ich anfasse, nehme ab!

Dies wiederholt man dreimal hintereinander, immer Freitag vor Vollmond.

*(Hohenstein. Töppen, S. 55.)*

Wenn Vieh oder Pferde nicht

**das Wasser lassen (nicht stallen)**

können, so nimmt man einen Teller mit Wasser, besprengt mit diesem Wasser des Tieres Blöße und sagt, wenn die Besprechung am Vormittag geschieht: *Guten Abend!* wenn sie Nachmittags erfolgt: *Guten Morgen!* Darauf spricht man:

Du dummes Tier, warum siehst du so bleich aus?
Was werd' ich nicht bleich aussehen, ich habe vierundzwanzig Stunden lang mein Wasser aufgehalten –
Oben Wasser, unten Wasser!

Im Namen etc. *(Wehlau.)*

95

## Der Weichselzopf.

Die allermeisten Krankheiten, namentlich Rheumatismen und Augenkrankheiten, laufen in den Weichselzopf (poln. kottun) aus. Der von einer Krankheit Befallene schneidet etwas von seinem Haupthaare ab, wickelt dies abgeschnittene Haar in ein Stück Papier, legt es entweder auf die Herzgrube oder unter den Arm und läßt es dort 24 Stunden liegen. Ist nach dieser Zeit das Haar verfilzt, so ist dies ein sicheres Zeichen, daß der Kranke behext ist. Er wird dann nicht mehr gekämmt und bekommt innerhalb 4 bis 5 Wochen, wie natürlich, den Weichselzopf. Diesen können nur bestimmte, ganz allgemein als Hexen bekannte Personen heilen. Diese Hexen können aber auch jemandem den Weichselzopf beibringen oder eingehen. Wie manche glauben, ist der Samen der Klette oder auch der Distel vorzugsweise geeignet, durch seinen Genuß den Weichselzopf zu erzeugen.

Bei der Heilung des Weichselzopfes wird dem Patienten von der Hexe ein Trank eingegeben, der auf das Reifwerden desselben hinwirkt. Tritt nach einer bestimmten Zeit die Reife ein, so wird der Weichselzopf von der Hexe abgenommen, aber nicht mit einer Schere oder einem Messer, sondern mit einem scharfen Steine vom Kopfe förmlich abgequetscht. Mit dem Weichselzopf verschwinden auch die Krankheiten, die ihn zu Wege gebracht haben.

*(Soldau. Töppen, S. 56.)*

## Gegen Würmer.

Einen großen Teil der Krankheiten bei Menschen und Tieren schreibt der Volksglauben Würmern zu. (Vgl. die *kleinen Leute.)* Mit diesem Ausdruck werden nicht nur die wirklichen Intestinal-Würmer, sondern auch das Panaricium (Wurm am Finger), bezeichnet. (Kuhn, Indische u. germ. Segenssprüche. Zeitschr. f. vgl. Sprachf. XIII, S. 135.)

96

Besprechungsformeln:

1. Wenn das Vieh Würmer in einer Wunde hat, so sprich:
   Das tue ich für die Würmer, weiße, schwarze, blaue
   und graue. Alle Farben sollen gebunden und getötet sein
   in dem heiligen Wort Gottes! †††

Dann streicht man dem Vieh von der Nase über den Rücken
bis auf die Füße hinunter und klopft ihm mit der flachen Hand
dreimal an den Bauch, während die höchsten Namen genannt
werden. Dreimal zu wiederholen.

*(Neudorf bei Graudenz.)*

2. Gegen Würmer bei Menschen und Pferden, auch gegen
den Bandwurm:
   Der Herr fährt auf seinem Acker herum,
   Dreimal 'rum.
   Das eine Pferd weiß,
   Das and're Pferd schwarz,
   Das dritte Pferd rot,
   Das ist der Würmer (dem Bandwurm und aller Würmer)
       ihr Tod.

*(Allenburg.)*

3. Gegen den Wurm im Finger.
   Es zog ein guter Mann durchs Land,
   Er hatte drei Würmer in seiner Hand,
   Der eine war weiß, der zweite schwarz, der dritte
       rot,
   Drum mach' ich diesen Wurm tot.
       Im Namen etc.            *(Goldap.)*

4. Ohne alle Mühe lassen sich die Würmer im Schweine vertreiben, wenn nur jemand so gefällig ist, zu dem Besitzer zu
sagen: »Deine Schweine haben Würmer!« Er erwidert alsdann
nichts, sondern geht stillschweigend seines Weges, am dritten
Tage sind die Würmer verschwunden.

*(Neudorf bei Graudenz.)*

5. Wenn ein Tier Würmer in Wunden bekommt, so muß man vor Sonnenaufgang an einen Ort gehen, wo die Disteln mit roten Köpfen und stachligen Stengeln stehen, vier Disteln übereinander knicken, daß die vier Köpfe nach den vier Himmelsgegenden gerichtet sind, und über die Kreuzung einen Stein legen. Vorher soll man ein Vaterunser beten.

*(Wallendorf. Töppen, S. 99.)*

6. Gegen die Würmer im Pferde.

Petrus ritt durch's ganze Land; er begegnete Jesu. Jesus (antwortete und) sprach: Wo reit'st du hin? – »Mein Pferd beißen die Würmer.« – Jesus sprach: So mach', daß diese Würmer von ihm gehen. Im Namen etc.

*(Pillkallen.)*

### Gegen Zahnschmerzen.

Sobald nach dem Neumonde zum ersten Male die Mondsichel – *»dat nüe Licht«*, das neue Licht – am Himmel sichtbar wird, muß der von Zahnschmerzen Geplagte sich mit einem der nachfolgenden Reime an den Mond wenden; derselbe wird ihm sicher die Zahnschmerzen abnehmen:

1. Ich seh' in's liebe neue Licht,
Bewahr' mich Gott vor Zähnegicht!
Daß sie mir nicht reißen,
Daß sie mir nicht spleißen,
Daß sie mir nicht källen,
Daß sie mir nicht schwellen.
J. N. G. etc.

*(Bürgersdorf bei Wehlau. N. Pr. Prov.-Bl. VIII, S. 25.)*

2. Oeck seh dat lewe nüe Licht
On rad' mi far min Tähnegicht,
Dat se nich riete,

98

Ok nich spliete,
Ok nich källe,
Ok nich schwelle,
Denn kame de Vägelkes
On nehme all min' Tähnegicht.                    (Plibischken.)


3.  Oeck seh önt lewe nüe Licht
    On bed fer mine Tähnegicht,
    Dat se nich riete, nich spliete,
    Nich jäke, nich stäke.                        (Samland.)


4.  Ich grüße dich, du neues Licht
    Mit deinen zwei Zacken!
    Meine Zähne sollen mich nicht zwacken
    Bis daß du wirst haben drei Zacken.
                                                 (Samland.)


5.  Ach du liebes neues Licht!
    Behüte mich, mein Gott, vor meiner Zähne Gicht!
    Daß sie mich nicht möchten reizen – spreizen –
                        schwären – quälen.

    Im Namen etc. Vaterunser ohne Amen.

Die betreffende Wange wird mit der Hand gestrichen.
                                    (Budweitschen im Kr. Goldap.)


6.  Oeck seh dem Himmel an,
    Da steit e Fru ok e Mann,
    Wa far de Tähne rade kann.
    Du sollst nich elle*),
    Ok nich källe,
    Da sullst vergahne
    Wie du gekame.                               (Plibischken.)

_____
*) Du sollst nicht länger werden.


99

7. Alle Psalmen sind gesungen,
   Alle Glocken sind verklungen,
   Alle Evangelien sind gelesen,
   Alle Heiligen sind gewesen,
   Das Feuer in meinen Zähnen soll verwesen.

   *(Samland.)*

8. Ich rate dich vor Feuer,
   Nicht vor einerlei Feuer, vor neunerlei!
   Es verschwindet wie der Staub aus dem Grabe
   Und wie der Sand vom Wege.          *(Allenburg.)*

9. Tähne riete, se schliete,
   Se källe, se schwelle,
   Se schringe, se springe!
        J. N. G. etc.          *(Dogehnen im Samland.)*

10. Der Besprechende nimmt einen neuen Nagel, von dem
man weiß, daß er noch nicht benutzt wurde, und schlägt ihn
im Beisein des Leidenden in einen noch frischen Baum. Dabei
spricht der Leidende:
        Gott Vater, Sohn und heiliger Geist,
        Gebenedeite drei,
        O du, um den der Himmel kreis't,
        Den jeder heilig, heilig preis't,
        Ich bitte dich, du Weltenherz,
        Erlöse mich von jedem Schmerz!
Der Besprechende: Im Namen Gottes etc.
   Hat eine Frau den Zahnschmerz, so übernimmt die Bannung
ein Mann, und umgekehrt.

   *(Nördl. Littauen.)*

11. Durch Gottes Macht und des Herrn Jesu Hilfe! Die Eiche
im Walde, der Stein im Meere, der Mond am Himmel, so lange diese drei starken Brüder sich nicht vereinigen, so lange
mögen die Zähne mich nicht schmerzen. Durch Gottes Macht,

100

des Sohnes Gottes und des heiligen Geistes Hilfe und durch die heiligen Engel, durch seinen hochgelobten Leib und durch die heilige Dreifaltigkeit. Im Namen etc. Amen, Amen, Amen!

*(Töppen, S. 48.)*

Im nördlichen Littauen wendet man gegen Zahnschmerzen folgendes Mittel an: Man schneidet aus einem lebenden Baum einen Span und bohrt ein Loch in den Baum; dann reinigt man mit dem Spane die Zähne und das Zahnfleisch (gewöhnlich tut dies ein anderer) bis Blut kommt, steckt den Span in das Loch und zündet ihn an. Der Geplagte kehrt dem Baume den Rücken und geht ab; den Baum muß er jedoch nie wiedersehen.

Pisanski (Nr. 22, §. 6) kennt dieses Mittel auch; nach ihm muß der Baum ein Hollunderbaum sein, und schneidet man einen Splitter unter der Rinde aus, mit dem man das Zahnfleisch so lange »stöckert« bis es blutet, dann »spündet man ihn wieder in seinen vorigen Ort ein und lässet ihn verwachsen.« – In Littauen braucht man auch Zahnstocher aus den Splittern eines vom Blitz zerstörten Baumes gegen Zahnschmerzen – mit Erfolg. Auch hilft Bestreichen des kranken Zahnes mit einem Strohhalm oder mit einem Knochen, den man auf dem Felde oder Kirchhofe gefunden hat. Von besonderm Erfolge ist's jedoch, wenn man drei Nächte hintereinander auf dem Kirchhofe schläft (auch gegen Reißungen, Rheumatismus angewandt), oder still auf den Kirchhof geht und vom ersten Grabe dreimal Kraut pflückt und damit still nach Hause geht. (Littauen.)

Allgemein ist der Gebrauch, bei Zahnschmerzen mit dem Finger einer Leiche den Gaumen oder schmerzenden Zahn zu bedrücken. Am besten wirkt der Zeigefinger der rechten Hand. (Dasselbe wendet man auch gegen Flechten, Feuermale etc. an.)

## Gegen allerlei Krankheit.

1. Wenn ein Stück Vieh krank ist, und man weiß nicht, was ihm fehlt, so spricht man ihm dreimal in das rechte Ohr:
> Beim Fressen verhungre nicht,
> Beim Wasser verdurste nicht,
> Und beim Feuer verfriere nicht!

Dabei nimmt man den rechten Rockschoß in die rechte Hand und fährt von der Nase über den Rücken und Schwanz bis zu den Füßen hinunter, während man spricht:
> Ich weiß nicht, was dir fehlt,
> Das weiß der liebe Herr Jesus Christ,
> Der in der Rinderkrippe geboren ist!

Dreimal.

*(Neudorf bei Graudenz.)*

2. Gegen Krankheiten verschiedener Art werden, außer der gegen den Biß des tollen Hundes bereits angeführten: Sator- und der allgemeinen bekannten: Abracadabra-Formel noch nachfolgende Formeln angewandt. Man schreibt sie auf kleine Zettel und gibt diese dem Kranken ein oder reibt damit die betreffende Wunde.

a) Iran + Tiran + castan
+ cacasten + Eremiton
+ in + nomine + Patris
+ et + Filii et + spiri.
+ sanct. + Amen +.

b) araon + y aran +
syran + cyron +
ceraston + crisan
castan + Bastan +
syran + castan +
operam + catha +
eron + et stacyden +

tetragramatan + et ay +
ab onay + ostanum +
ab unos + avit + militia +
et + lingua + continab +
+ davin + et + verbum +
curo + factum + et × × × × × ×
et habitavi + + et × × × × × × ×

*(v. Tettau und Temme, S. 20, 271.)*

Gegen viele Krankheiten, ja selbst gegen den Teufel, der einen besessen, hilft eine Wallfahrt nach der heiligen Linde, welche deshalb auch von Evangelischen unternommen wird.

*(Vom Aberglauben etc. Pr. Pr.-Bl. VIII, S. 186 f.)*

In der Hohensteiner Gegend kocht man gegen verschiedene Krankheiten Tee aus den Blüten der am Johannisabend gewundenen Kränze. *(Töppen, S. 71.)*

Schweine schützt man gegen Krankheit durch nachfolgende Formel:

Ich segne meine Schweine gegen Krankheit. Hast du deine Schweine zu Hause? Nein, ich habe sie nicht. Gehe, rufe sie in den Hausflur und gib ihnen Gerste. Welches von der Gerste frißt, dem wird nichts geschehen. Nicht durch meine etc.

Man muß Gerste in Hosen füllen und dreimal durch den Schornstein werfen, dabei den vorstehenden Segen sprechen und dann die Gerste den Schweinen geben.

*(Töppen, S. 48.)*

# In Haus und Hof.

## In der Wohnung.

In einem Hause wohnt stets Friede und Eintracht, wenn man beim Bau desselben in das Fundament einen Hund vergrub.

*(Littauen.)*

Bezieht man ein neues Haus, so muß man die Vorsicht beobachten, vor dem Einzuge einen Hund oder eine Katze auf eine Nacht in dasselbe einzuschließen. Unterließe man dies, so würde gleich im ersten Jahre der Wirt oder die Wirtin sterben; nun fällt das Tier dem Tode zum Opfer. *(Goldap.)*

In ein neues Haus oder in eine neue Wohnung trägt man beim Einzuge zuerst Brot und Salz hinein, dann haben die Bewohner keinen Mangel.

Ein Armensünderfinger oder Armensünderblut bringen Glück in's Haus und in's Geschäft. (Dönhoffstädt.) Legt man einen solchen Finger in den Pferdestall, so gedeihen die Pferde gut. *(Ermland.\*)*

Damit der Teufel dem Hause fern bleibe, macht man, wenn ein Haus geweißt wird, rings um die Haustür eine Anzahl Pinselkleckse. (Töppen, S. 41.) – In Masuren ist's überhaupt nicht selten, daß das ganze Hauswesen durch Bekreuzung der Stuben-, Haus- und Stalltüren dem besondern Schutze des Herrn empfohlen wird. *(Hintz, S. 107.)*

---

\*) Wie aus dem Bericht über den Conitzer Hexenprozeß vom Jahre 1623 (Pr. Pr.-Bl. II, S. 133 f.) hervorgeht, waren ehemals nicht nur Finger u. a. Glieder von armen, am Galgen hängenden Sündern, sondern auch Galgenketten und -nägel glückbringend; sie dienten zum guten Bierbrauen und Verkauf von Bier, förderten das Handwerk, machten die Pferde unermüdlich etc.

## Beim Gewitter.

Sein Haus und sich selbst gegen das *Gewitter* zu schützen ist eine Hauptsorge des Landmannes.

Beim ersten Donnerschlag ist das Entblößen des Hauptes nicht ungewöhnlich (Danziger Nehrung), beim Blitzen bekreuzigen sich die Männer, nehmen ihre Hüte ab (Ortelsburg) und senden Stoßgebete zum Himmel empor, etwa: »Gott sei mir Sünder gnädig! – Erbarm' dich, Herr Jesu!«

*(Johannisburg. Hintz, S. 107.)*

In manchen Gegenden wendet man gegen starkes Gewitter Glockengeläute an. »1647 den 18. April 7 bis 8 Uhr abends tobte (zu Pr. Friedland) ein schweres Gewitter. Es wurde mit allen Glocken demselben geläutet.«

*(Notizen aus Conitz. Pr. Pr.-Bl. II, S. 209.)*

Pisanski erwähnt (Nr. 23, §. 8) der »*Donnersteine* oder *Donnerkeile*« (Belemniten*) als wirksames Amulett gegen das Gewitter. Er sagt: »Einfältige Leute verwahrten solche Donnerkeile als ein bewährtes Mittel gegen das Unwetter und glauben den Wetterschlag von sich abzuwenden, wenn sie selbige bei sich tragen. Ziehen sich Gewitterwolken zusammen, und drohet der immer stärkere Knall sich ihrer Scheitel zu nähern, so stecken sie die Finger durch das Loch, so an dergleichen Steinen von der größeren Gattung befindlich ist, drehen den Stein dreimal herum, sprechen dabei einige abergläubische Worte, werfen ihn mit der größesten Gewalt an die Stubentüre und glauben auf diese Weise ihr Haus vor dem Wetterstrahl in Sicherheit gestellet zu haben.«

---

*) Sie heißen in der Provinz noch: Dudakiel, Ottertött (Otternzitze), Pillersteen.

105

# Bei Feuersbrunst.

Hat der Blitz das Haus entzündet, oder ist eine *Feuersbrunst* auf andere Weise ausgebrochen: es gibt außer dem Wasser ein noch kräftigeres Mittel, die Wut des entfesselten Elementes zu bannen – es ist dies der Zauberspruch.

Aus der hohen Verehrung, die dem Feuer in früherer Zeit zuteil wurde, leitet man nach Pisanski (Nr. 22, §. 7) die Gewohnheit her, »welche noch in Preußen obwohl auf eine unschuldige Art üblich ist, daß man einander *einen guten Abend wünschet,* sobald des Abends zuerst ein Licht in die Stube gebracht wird, wenn diese Höflichkeitsbezeigung gleich vor Anzündung desselben bereits beobachtet wäre.«

Offenbar liegt dieser dem Feuer dargebrachten Huldigung, die man schon bei den Griechen und auch heute noch in Polen und andern Ländern antrifft, der Sinn zu Grunde, es werde sich, dafür erkenntlich, nur als »wohltätige Macht« zeigen. Gegen die entfesselte »furchtbare Himmelsmacht« helfen nachfolgende Formeln:

1. Rauch und Feuer, stehe stille
   Um Christi, unseres Erlösers Wille!
   Und behalte bei dir Feuer und Flamme,
   Wie Maria ihre Jungfrauschaft vor und nach ihrem
   Manne!
   Im Namen etc.

Ist dreimal zu sprechen, darauf das Vaterunser ohne Amen zu beten*).

*) Der Einsender, ein Lehrer im Kreise Goldap, hat diese Formel vor mehr denn 20 Jahren von einem pensionierten Lehrer Kornatz in Lissen, Kr. Angerburg, geerbt, der sie ihm kurz vor seinem Tode als ein sehr wichtiges und bedeutungsvolles Dokument übergab.

2. Feuer, Feuer, du heißest Flamme,
   Dich (!) gebietet Gottes Lamme,
   Daß du sollest stille stehn
   Und nicht mehr sollst weiter gehn!

Man geht dreimal um das zu schützende Gebäude, die Formel dabei sprechend. *(Plibischken.)*

3. Feuer, Feuer, Feuer! Ich gebiete, daß du deine Flamme
   löscht'st in Maria, Jesu, Gottes Namen! Im Namen etc.
   Drei Kreuze zum Schluß. *(N. Pr.-Pr.-Bl. a. F. XI, S. 157.)*

4. Feuer, du große Flamm',
   Dich beschwöret Gottes Lamm!
   Das Feuer geh aus und weich' nicht von der Stell!
   Ich beschwöre dich im Namen etc.

Drei Kreuze *(Ebenda.)*

Die Besprechung geschieht oft auch zu Pferde und zwar auf
einem »weißen« Schimmel. Der Beschwörende jagt dreimal
um das brennende Gebäude und schließlich nach der Seite
davon, wo keine Gebäude stehen. Die Flamme strebt dem
Davonjagenden nach, und muß er eilen, ihr zu entfliehen. Im
Samlande schreibt man die gegen den Biß eines tollen Hundes mitgeteilte Form S A T O R auf ein Stück Zinn, setzt oben,
unten, rechts und links Kreuze, umreitet damit dreimal das
Feuer, wirft das Zinn im Namen des dreieinigen Gottes in die
Flamme und jagt schnell davon.

*(Alt-Pillau.)*

Töppen teilt Seite 47 und 49 noch folgende Formeln, »das
Feuer zu versegnen«, mit:

5. Vater unser etc. Feuer, du glühende Flamme, es befiehlt
dir Christus der Herr, der Mann Gottes, durch seinen unwürdigen Diener, du sollst dich weiter nicht ausbreiten, sondern
auf dieser Stelle bleiben. Was du erfaßt hast, das behalte durch
Gottes Macht und des Vaters und des Sohnes und des heiligen
Geistes Hilfe.

Das Feuer muß dreimal umkreiset (umlaufen), bei jedem Male das Vaterunser gebetet werden.

6. Es kam zu uns in Eile zu Gast Esechias, Messias. Laß er genug haben an dem, was er von uns selbst nahm die Nacht, im Namen etc.

Amen wird nicht gesprochen.

## Bei Diebstahl.

Nächst der Bewahrung des Leibes und Lebens, des Hauses und Hofes läßt man sich die Sicherung des Eigentums gegen Diebe vorzugsweise angelegen sein. Ist man jedoch bestohlen, so wendet man sich zur Erlangung des Gestohlenen weniger an die Kriminalpolizei als an den Beschwörer, welcher den Dieb durch seine Formeln zu bannen und zur Herausgabe des Gestohlenen zu zwingen weiß. Doch auch den Dieben sind diabolische Mittel und Wege bekannt, ihre Unternehmungen gegen Entdeckung zu sichern.

Wenn Diebe bei ihrer Tat ein Licht von Menschenfett brennen, so können sie nicht ertappt werden. Solchen Lichten schreibt man die Kraft zu, daß sie Schlafende nicht aufwachen lassen und Wachende in tiefen Schlaf versetzen. Sie können weder durch Zugwind noch von Menschen ausgeblasen werden; nur mit Milch vermag man sie auszulöschen.

*(v. Tettau und Temme, S. 266. Töppen, S. 57, Note\*)*

---

\*) Für Räuber und Diebe galten früher als ein Schutzmittel die Herzen ungeborener Kinder; diese wurden roh, wie sie dem Leibe der Mutter und dem Körper des Kindes entrissen waren, in so viel Stücke geschnitten, als Teilnehmer waren, und deren eins von jedem genossen. Wer so von neun Herzen gegessen, konnte, welchen Diebstahl oder sonstiges Verbrechen er immer begehen mochte, dabei nicht ergriffen werden, und wenn er dennoch durch einen Zufall in die Gewalt seiner Gegner geraten sollte, sich unsichtbar machen und so seinen Banden sich wieder entziehen. Die Kinder mußten aber männlichen Geschlechts sein; weibliche taugten dazu

Ist eine Uhr im Zimmer befindlich, so hält der Dieb sie sofort an; auch dies schützt vor Entdeckung. Hat der Dieb das Zimmer aber bereits wieder verlassen und dessen Tür verschlossen, so muß er durch deren Ritzen Wasser hineingießen. Läuft dieses in die Stube, so ist das ein unfehlbares Zeichen, daß er nicht entdeckt wird.

*(v. Tettau und Temme, S. 266.)*

Diebe treten den Gang zum Hausse, das sie bestehlen wollen, rückwärts an.

Ehe der Dieb in ein Haus einbricht, verrichtet er vor demselben ein großes Bedürfnis und schreitet dann schnell zur Tat. So lange der Haufen warm bleibt, ist er vor Entdeckung sicher. *(Samland.)*

Vermutet der Dieb, daß das zu Stehlende besegnet oder gar mit einem Bannspruche, der ihn festhalten würde, besprochen sei, so steckt er einen Pfennig in eine Ritze des Hauses oder Wagens, worin das Gut aufbewahrt wird und macht durch dieses Opfer den Bannspruch unwirksam.

*(Samland.)*

Durch nachfolgende Formel wird der Dieb festgebannt:

Maria ging in den Himmel hinauf mit ihrem lieben Kindelein, was begegnet ihr auf dem Wege? Es begegneten ihr drei Diebe. Sie sprach: Petrus, bind'! Petrus, bind'! Petrus, bind'! Petrus spricht: Ich habe schon gebunden, mit Eisen und Band, mit Gottes Hand und Christi fünf Wunden, daß er soll stehen wie ein Stock und sehen wie ein Bock, und zählen alle Sterne am Himmel, alle Körnlein Sand auf der Erden, alle Tropfen Wasser in dem Meer, alle Bäume in dem Wald, alle Äste an den Bäumen, alle Zweige an den Ästen, alle Blätter an den

---

nicht. Die Bande des Räuberhauptmanns König Daniel, wie er von den Seinen, Kix Teufel aus der Hölle, wie er vom Volke genannt wurde, welche in der Mitte des 17. Jahrhunderts das Ermland in Schrecken setzte, bekannte nach ihrer Ergreifung , daß sie bereits vierzehn schwangere Weiber zu jenem Zwecke getötet, jedoch nur in den wenigsten männliche Kinder gefunden habe.

*(v. Tettau und Temme, S. 266.)*

Zweigen, alle Vögel unter dem Himmel, alle Fische in den Wassern, alle Kreaturen auf dem ganzen Erdboden. Das gebe die heilige Dreifaltigkeit von nun an bis in Ewigkeit!

*(N. Pr. Pr.-Bl. a. F. XI, S. 157.)*

Eine andere Bannformel teilt Töppen, S. 60 mit:

Es ging die allerheiligste Jungfrau in den Garten. Ihr dienten drei Engel, der erste hieß St. Petrus, der andere St. Gabriel, der dritte St. Zachariel. Diesen begegnen drei Diebe, welche das Kind Jesu spielen (stehlen?) wollten. Petrus spricht zu Zachariel: Gehe und fessele sie mit Strang, Ketten und Gottes Wort, damit selbige stehen, unbeweglich wie Säulen. Sie sollen die Sterne am Himmel zählen und nicht eher von der Stelle können, bis mein Mund und meine Zunge sie löset. Vater unser etc.

Das Festbannen des Diebes durch den sogenannten Diebssegen ist unter den samländischen Fischern noch heute im Schwange. Sie müssen oben auf der Düne ihre mit Fischen beladenen Wagen oft längere Zeit stehen lassen, während sie unten am Strande beschäftigt sind. Um die Fische im Wagen gegen Diebe zu sichern, sprechen sie über dieselben den Diebssegen. Ist dies geschehen, so gehen sie rückwärts von dem Wagen fort; gingen sie vorwärts, so würde der Bannspruch seine Macht verlieren.

In Littauen und Masuren schreibt man dem Glockengeläute die Kraft zu, den Dieb zu bannen, und erbittet daher ein solches von dem Geistlichen. (Hitze, S. 4.) – Hört der Dieb das Geläute, so denkt er, es ertöne zu seiner Beerdigung und gibt das Gestohlene heraus. (Memel. Neue Königsb. Ztg. Vom 13. Mai 1866, Nr. 109.) Bindet man etwas von dem gestohlenen Gute an den Klöpfel der Glocke, so mahnt das nächste Geläute den Dieb, das Gestohlene wiederzubringen; unterläßt er's, so stirbt er beim zweiten Glockengeläute.

*(Töppen, S. 60.)*

Hängt man den Rest gestohlener Sachen in einem Säckchen in den Schornstein oder bringt ihn an einem Donnerstage in ein frisch aufgeworfenes Grab (auf dem Hin- und Rückwege darf man keinen Laut von sich geben), so hat der Dieb keine Ruhe, bis er das Gestohlene dem Eigentümer zurückbringt.

*(Willenberg, Töppen, S. 58.)*

Sind Pferde gestohlen, so kehre man, sobald man den Diebstahl bemerkt, einen Tisch um, so daß die Füße aufwärts gerichtet stehen. Ist der Dieb noch nicht über die Grenze, so kommt er nun nicht mehr über dieselbe hinaus, er ist gebannt und bringt die Pferde zurück. *(Sensburg.)*

Um das gestohlene Gut wiederzubekommen, mache man in einen Birnen- oder Pflaumenbaum ein Loch mit einem Bohrer, das bis in die Mitte des Baumes reicht. In das Loch stecke man etwas von dem gestohlenen Gute. Dann mache man von dem Holze desselben Baumes einen Nagel und schlage ihn in das Loch. So wie das in den Baum geschlagene gestohlene Gut verdirbt, so verdirbt auch der Dieb. Will er nicht sterben, so bringt er das gestohlene Gut zurück. Wird der Nagel in das Loch aber ganz hineingeschlagen, so stirbt der Dieb in acht Tagen. (N. Pr. Pr.-Bl. a. F. XI, S. 158.) – Man gehe rückwärts zu einer Espe und bohre mit einem Bohrer, der linksum gedreht werden muß, in diese ein Loch; stecke in dieses etwas von dem gestohlenen Gut und verkeile es mit einem Pflock von demselben Holze. Bald wird der Dieb zittern wie Espenlaub und das Gestohlene zurückbringen. *(Hohenstein, Töppen, S. 59.)*

Durch nachfolgenden Segen zwingt man den Dieb, das Gestohlene wiederzubringen:

Du Dieb, den ersten Nagel, den ich dir in dein Gehirn
tu' schlagen,
Daß du das gestohlene Gut an seinen gehörigen Ort
sollst tragen!
Es soll dir so weh und wehe werden wie dem Jünger
*Judas*, da er den Herrn Jesum verraten hat!
Den andern Nagel, den ich dir in dein Herz tu' schlagen,
Daß du das gestohlene Gut an seinen gehörigen Ort
sollst tragen!

111

Es soll dir so weh und wehe werden, wie dem *Pilatus,* der den Herrn Jesum gekreuziget hat!

Den dritten Nagel, den ich dir in deine Lunge tu' schlagen,
Daß du das gestohlene Gut an seinen gehörigen Ort sollst tragen,
wo du es gestohlen hast!

Es soll dir so weh und wehe werden, wie dem *Ahasverus,* da er den Herrn Jesum unterm Kreuze hat fortgestoßen! Du sollst verflucht in Ewigkeit bei allen Elementen des Himmels sein, du sollst keine Ruh' haben, bis du das gestohlene Gut an seinen Ort tust tragen! Es sollen dich alle Geister quälen, die zwischen Himmel und Erde sind und in der Luft schweben, wo du nicht das gestohlene Gut an seinen gehörigen Ort tust tragen! Du sollst laufen wie der Mond, daß du das gestohlene Gut an seinen gehörigen Ort sollst tragen! J. N. G. etc. ††† Ohne Amen.

Der Segen muß in der Mitternacht oder mittags zwischen 11-12 Uhr geschehen. Die drei Nägel werden vom Kirchhof genommen und unter Sprechung obiger Worte nacheinander dort eingeschlagen, wo der Dieb mit dem Gestohlenen hindurchgegangen, z. B. Tür, Fenster etc.

*(Jaworze, Dorf im Kreise Strasburg, Westpr.)*

Zur Ermittelung des Diebes wendet man mancherlei Mittel an. Am ehrlichsten gemeint sind die kirchlichen *Fürbitten* zur Ermittelung der Diebstähle, welche in der Absicht erbeten werden, daß der etwa in der Kirche anwesende Dieb sich veranlaßt sehe, dem Beschädigten sein Eigentum zurückzugeben.

*(Memel. Hintz, S. 12.)*

Man nimmt zwei Schüsseln; in die eine legt der Bestohlene zwei Pfennige, einen für sich und den andern für den Dieb. Dann wird Bier in die Schüssel gegossen, und ein Kreuz mit Kreide auf den Boden derselben gemacht; zuletzt wird die Schüssel geschüttelt. An welche Seite nun des Diebes Pfennig zu liegen kommt, nach derselben Seite ist der Dieb gelaufen

112

und dorthin wird er gesucht. Vorher wird noch die andere Schüssel voll Bier gegossen und darüber ein Gebet gesprochen. Wenn sich nun während des Gebets eine Blase auf dem Biere zeigt, so ist dies ein gutes Zeichen, daß man den Dieb finden werde; zeigt sich aber keine Blase, so wird das Bier ausgetrunken und neues in die Schüssel gegossen, bis sich zuletzt eine Blase zeigt. Gewöhnlich sind in jedem Dorfe besondere Männer, welche Schaumseher genannt werden. (Erläut. Preußen, I. S. 134. V, S. 719. V. Tettau und Temme, S. 259.)

Vermutet man den Dieb unter den Hausgenossen, so läßt der Hausherr diese zusammentreten und verteilt unter sie Strohhalme von gleicher Länge. Nach einer Viertelstunde werden die Strohhalme untersucht, und soll alsdann der in der Hand des Diebes gewesene gewachsen sein. Das böse Gewissen treibt den Dieb, von seinem Strohhalme, dessen Wachsen er befürchtet, etwas abzureißen. Ein solcher Fall ist erzählt in den N. Pr.- Pr.-Bl. III, S. 472.

Auf einem Gute im Goldaper Kreise versammelte bei solcher Veranlassung der Hausherr sein Gesinde, stellte die Leute in einem Kreise auf, ließ sie drei Vaterunser beten und gab jedem alsdann einen Strohhalm in den Mund. So mußten sie eine Viertelstunde stehen und sollte in dem Munde des Diebes der Strohhalm wachsen. Um dies unmöglich zu machen, hatte der Dieb ein Stück von dem seinigen abgebissen.

Um den Dieb ausfindig zu machen, wird auf einen Erbtisch eine Erbbibel und auf diese ein Erbschlüssel (d. h. Tisch, Bibel und Schlüssel müssen Erbstücke sein) gelegt; über letzerm wird ein Sieb mit einem Faden freischwebend an den Balken gehängt. Der Beschwörer ruft dreimal den Namen Gottes an und nennt hierauf in kleinen Zwischenräumen die Namen aller verdächtigen Personen. Bei Nennung des Diebes soll sich das Sieb bewegen.

*(N. Pr. Pr.-Bl. IIII, S. 471.)*

Im Samlande bedient man sich zur Ermittelung des Diebes eines Erbbuches und eines Erbschlüssels. Ist das Erbbuch eine Bibel, so schlägt man das Evangelium Johannis auf, steckt den Erbschlüssel auf den rechten Zeigefinger, legt diesen auf das genannte Evangelium und spricht:

Evangelium Johannis, leeg nich on dreeg nich, segg de reine Wahrheit, hefft dei (Name) mi dat (der gestohlene Gegenstand wird genannt) gestahle?*)

Der Schlüssel bleibt so lange am Finger, bis der Name des Diebes genannt wird, alsdann zieht er sich vom Finger und fällt auf das Buch. Besitzt man als Erbbuch ein Gesangbuch, so schlägt man die Lieder »vom Lobe Gottes« auf und spricht:

Lobe Gottes, leeg nich on dreeg nich etc.

*(Alt-Pillau.)*

In andern Gegenden wird in das geerbte Andachtsbuch der Erbschlüssel mit dem Barte hineingesteckt, so daß der Ring draußen bleibt. Das Buch wird hierauf kreuzweise mit einem Bande bebunden, um den Schlüssel zu befestigen. Zwei Personen halten das Ganze nun so, daß jede mit dem Zeigefinger der rechten Hand den Ring des Schlüssels unterstützt und das Erbbuch zwischen den Fingern herabhängt. Der Eigentümer von Buch und Schlüssel fragt nun das Buch:

Liebes Erbbuch, hier ist dem (der) ... das ... gestohlen. Du sollst mir sagen, wer es getan! Ist es (Name) etc.?«

Die Namen der verdächtigen Personen werden der Reihe nach genannt. Hat man den »Rechtschuldigen« getroffen, so machen Buch und Schlüssel von selbst eine Wendung zum Hinabfallen, müssen jedoch daran durch schnelles Zugreifen verhindert werden. *(Dönhoffstädt.)*

Glaubt man den Dieb zu kennen, so darf man ihm nur ein Dekokt von Belladonna in den Speisen beibringen; hat er wirklich gestohlen, so gesteht er den Diebstahl alsbald. (Memel. Neue Kgsbg. Ztg. vom 13. Mai 1866, Nr. 109.)

---

*) »Das Evangelium Johannis ist uns zu einem viel höheren Gebrauch gegeben, als daß der Aberglaube durch selbiges das Fieber vertreiben, oder wenn er einen Erbschlüssel dazu genommen, Diebstähle entdecken soll.«

*(Pisanski, Nr. 24, §. 15.)*

Kann man einen Dieb selbst nicht ergreifen, so muß man bei seiner Flucht wenigstens eins seiner Kleidungsstücke zu erhaschen suchen. Prügelt man dies dann, so wird der Dieb krank. *(v. Tettau und Temme, S. 283.)*

Will man einen Dieb durchaus mit dem Tode strafen, so legt man einen zufällig geretteten Teil des gestohlenen Gutes einer Leiche in den Sarg: der Dieb muß bald nach der Beerdigung sterben. Hierbei muß man sich jedoch hüten, auf den eigenen Schatten zu treten; geschähe das, so würde man innerhalb eines Jahres selbst sterben. – Der Dieb muß auch sterben, wenn man etwas von dem gestohlenen Gute auf dem Kirchhofe vergräbt. *(Töppen, S. 58 und 59.)*

Man legt einen geretteten Teil des Gestohlenen unter die Ziegel des Herdes und brennt Donnerstag nach dem Abendbrot Espenholz darauf. Wie das Feuer und die Hitze allmählich das Verwahrte angreifen, so reiben unbekannte, übernatürliche Einflüsse den Dieb auf. Hat man nichts von dem Gestohlenen in Händen, so holt man sich Donnerstag in der Mitternacht schweigend und ohne Umsehen vom Glockenturme die Knoten von den Glockensträngen. Mit diesen macht man es ebenso wie mit dem noch vorhandenen Rest des gestohlenen Gutes. Wer jedoch dies Experiment nicht ganz versteht, oder auch nur ein kleines Versehen darin begeht, der gräbt sich dadurch selbst die Grube und stirbt. *(Gilgenburg. Töppen, S. 59.)*

Die Formel zum Losspruch des gebannten Diebes ist folgende:

Man stößt den Dieb auf die Erde und spricht:

> Geh hin, wo du bist hergekommen, und hüte dich, daß du deine Hand weder an mein oder fremdes Gut legest. Gehe hin in drei Teufels Namen! *(N. Pr. Pr.-Bl. XI, S. 157.)*

Der Losspruch muß jedoch vor Sonnenaufgang erfolgen.

———

115

Die nachstehenden zwei Schutzformeln gegen *Feinde, Feindeslist* und *Teufelsränke* sind aus Neudorf bei Graudenz mitgeteilt:

Jesus von Nazareth, du König der Juden, du allerheiligster, glorwürdigster Herrscher, behüte und bewahre mich vor allen meinen Feinden, die sichtbar und unsichtbar mir nahen! O heiliger Gott, o starker Gott, o unsterblicher Gott, erbarme dich meiner! Dir Gott Vater ergeb' ich mich, Gott dem Sohne befehl' ich mich, und Gott der heilige Geist weise mir seine heilige Kraft und speise mich mit dem rosenfarbenen Blute! Es tränke mich die Kraft Gottes, und die heilige Dreifaltigkeit behüte mich vor allen Schwertern, vor allen Mördern, vor aller Räuberei und Zauberei, behüte und schütze mich vor allen meinen Feinden, sie sind (seien) sichtbar oder unsichtbar! Gott, laß mich bewahret sein als das rechte Himmelsbrot, bewahre mich durch dein rosenfarbenes Blut, das Maria unter ihrem Herzen trug, behüte mich durch deine Dornenkrone, die dein heiliges Haupt bedrückte! Mache die Waffen zuschanden, die auf mich gedrückt oder auch gezücket! – Somit beschwöre ich allen Stahl und Eisen, Pulver und Blei und alle Kunst und Zauberei bei der Geißelung und Menschwerdung unseres Herrn Jesu Christi, bei dem teuern Haupt des St. Johannis des Täufers Christi und seiner Enthauptung! Ich beschwör' alle Kunst, Hexerei und Zauberei und Kunst des Teufels, damit sie mir keinen Schaden noch Leid tun! O Gespinst, Hexerei, Zauberei und Teufelskunst stehet still! Ich beschwör' euch bei der Geißelung des Heilands von Nazareth, steht still und tut mir keinen Schaden noch Leid! Stehet still! Durch den lebendigen Gott, der Himmel und Erde geschaffen hat – stehet still! Durch die heilige Auferstehung Jesu Christi – steht still! Durch alles, was im Himmel und auf Erden und in der Erde ist – stehet still! Im Namen Jesu Christi. Amen. †††

---

Jesus Christus, Überwinder, der du herrschest und gebietest über allerlei Gewitter, Zauberei und Teufelskunst, durch die Kraft deiner Gottheit, die Kraft deines bittern Leidens, die

116

Kraft deines heiligen Kreuzes, die Kraft deines rosenfarbenen Blutes, die Kraft deines heiligen Namens – Jesus Christus, du Sohn Gottes, der du vom Himmel herabgekommen bist in den Leib der seligsten Jungfrau Maria und wegen des menschlichen Heils bist Fleisch geworden, damit er erlöset sei vom Teufel und allen bösen Geistern, die du vertreibest und in die Hölle stürzest: du wollest austreiben und mich entbinden von allem, was der Teufel bindet und durch sein vermaledeites Werk verblindet. Amen.

Durch das Zeichen des heiligen Kreuzes (†) erlöse mich, o Gott, von allen meinen Feinden.

### Beim Brotbacken.

Das *»liebe Brotche«* bildet den Hauptsegen des Hauses und steht in höchster Verehrung. Schon auf dem ungesäuerten Teige wird mit der Hand ein Kreuz gemacht (Danz. Werder); das gleiche geschieht über dem gesäuerten Teige (Ortelsburg) und beim Einsetzen des ersten Brotes in den Ofen.

*(Johannisburg. Hintz, S. 108.)*

Während das Brot im Ofen bäckt, betet man folgende Sprüche:

1. Det Brotke öff öm Awe,
   De lewe Gottke öff bawe.
   On weg vom Brotke wad eete,
   Dat bei dem lewe Gottke nich mag vergeete!
   Im Namen etc.          *(Oberland. Samland.*)*

Bei Hintz, S. 108, wird dieser Reim aus Steinbeck bei Königsberg in hochdeutscher Sprache mitgeteilt. Derselbe variiert in den beiden letzten Versen wie folgt: »Alle, die von diesem Brote essen, wollen Gott im Himmel nicht vergessen.«

---

*) Im Samlande auch mit dem Zusatze:
   Alle wo ons gram sönd, könne ons löcke
   Von de Hacke bet an e Nacke,
   Bet wi taum twälwtemal Brot backe.

117

2. Det Brotke öff öm Awe,
Nu back doch von unde on bawe! *(Oberland.)*

Sind die Brote aus dem Ofen gezogen, so lege man sie nicht sofort, also noch heiß, auf den Tisch, sonst werden die Pferde bei der Arbeit oder auf der Reise bald müde. – Gibt man Kindern warmes oder gar heißes Brot zu essen, so lernen sie schwer; Katzen und Hunde werden davon toll. Heißes oder warmes Brot lasse man auch nicht über die Dorfgrenze kommen, man würde dadurch seine Wirtschaft oder sein Vieh der Verzauberung zugänglich machen. Leiht man noch warmes Brot weg, oder gibt man es in anderer Art aus dem Hause, so stecke man Salz hinein, dann kann man vor jedem »Schabernack« sicher sein.

*(Samland.)*

Ehe man ein Brot anschneidet, macht man mit dem Messer entweder über demselben oder auf der Rückseite drei Kreuze; es verschlägt dann mehr.

Wenn man nimmt ein frisches Brot,
So ist es die höchste Not,
Daß man erst mit Vorbedacht
Mit dem Messer ein Kreuze macht.

*(Hela. Hintz, S. 109.)*

Wer ein Stück Brot zur Erde fallen läßt, küßt es gewöhnlich beim Aufheben. *(Friedland. Hintz, S. 109.)*

### Beim Buttern.

Bei Bereitung der Butter, dem sogenannten *Buttern,* sind noch allerlei Gebräuche im Schwange, welche das Geschäft fördern oder etwaigen Zauber beseitigen sollen.

Damit man schnell und viel Butter gewinne, faßt man beim Beginn des Butterns den Stab des Butterfasses mit verkehrten Händen und stößt ihn so dreimal in's Butterfaß. Darauf bringt man die Hände in die übliche Lage und setzt das Geschäft des

Butterns fort. Man muß jedoch darauf sehen, daß man mit dem Butterfasse nicht unter einem Balken zu stehen kommt, man würde dann keine Butter bekommen.

*(Wehlau.)*

Ein Klettenblatt unter dem Butterfasse bewirkt die schnellere Bildung der Butter. *(Dönhoffstädt.)*

In Masuren legt man zu gleichem Zwecke ein Geldstück in den Schmand (Sahne), steckt ein Messer unter den Reifen des Butterfasses oder legt einen Kamm unter dasselbe. Je schmutziger dieser ist, desto besser wird die Butter.

*(Töppen, S. 100.)*

Frauenzimmer, welche eine Maulwurfsgrille mit der flachen Hand auf der Erde zerdrückt haben, machen stets leicht Butter.

*(Ebenda.)*

Während des Butterns spricht man nachfolgenden Spruch:

Botta, Botta Lenze,
Kam't von alle Grenze,
Botta, Botta ut er Stadt,
Kam't bi mi ön't Botterfatt! *(Dönhoffstädt.)*

Hat man lange Zeit vergeblich gebuttert, so kann man annehmen, daß die Milch, welche die Sahne gegeben, verhext worden ist. Um den Zauber zu bannen, gieße man die Sahne aus dem Butterfasse und fülle dieses mit Wasser. Dann gehe man zur Grenzmarke, nehme von dort drei Feldsteine, mache diese glühend und lege sie in's Butterfaß. Ist nun das Wasser mit den Steinen kalt geworden, so nehme man diese heraus, gieße das Wasser aus und trage die Feldsteine wieder an ihren alten Platz zurück. Doch sehe man sich auf dem ganzen Wege nicht um. Jetzt gieße man die Sahne wieder in's Butterfaß, fange von neuem zu buttern an und man wird sogleich Butter haben.

*(Samland.)*

## Beim Weben.

Beim *Weben* muß man, damit es gut gelinge, Folgendes beobachten.

Wird das Garn auf den Webestuhl gebracht, so muß die Person, welche den »Reetkamm« hält, wenn das Garn auf den sogenannten Garnbaum gewunden ist, sogleich den Reetkamm auflösen und mit beiden Teilen desselben jeder Person, die beim Aufbringen des Garns, bei der »Scheering«, beteiligt war, einen Schlag geben; doch muß der Doppelschlag in Form eines Kreuzes fallen und dabei gesprochen werden:

> E Kriez ok e Schlag,
> Oen veertie Dag af!

Das Gewünschte geschieht, das Garn wird schnell abgewebt.

Beim Scheeren macht man alle 8 Ellen einen Strich, *»Schmied«,* wohl so genannt, weil die Anzeichnung mit Kohle geschieht; man nennt daher auch ein Stück Zeug von so und soviel mal 8 Ellen, so und soviel »Schmiede«. Kommt nun beim Aufbringen der »Schmied« auf die linke Seite, so geht es mit dem Anweben langsam – der »Schmied« ist auf der faulen Seite –; befindet er sich stets auf der rechten Seite, so geht es flink mit dem Weben.

Ist das Garn so weit abgewirkt, daß man »nachlindern«*) muß, so tut man wohl, es noch an demselben Tage abzuweben; bliebe es über Nacht noch auf dem Webestuhle, so würde das nächstgeborene Kind sich einst aufhängen.

*(Samland.)*

---

*) *Linder, d. h.* loser, nicht so dicht in der Fadenlage als die übrige Leinewand. Das *Linderende* ist die Verlängerung des Aufzuges (Scheering) und wird durch ein Tuch (Lindertuch) oder durch Schnüre, welche um den Linderstock gezogen sind, festgehalten.

## Beim Waschen.

Ein Gebet der Waschfrauen, durch welches sie sich das gute Wetter bewahrten, findet sich im »Erleuterten Preußen« I, S. 467. Kein Wasch-Weib wird sich sonst leicht außer Haus begeben, sie bete denn zuvor, wie folget, insgemein:

Sanct Andres, Sanct Bartolomes,
Die zweene Söhne Zebedes,
Der heilige Sanct Wentzel
Und der selige Sanct Stentzel
    Sind gut vor's kalte Weh
    Und behüten vor Regen und Schnee.
Die heiligen sieben Planeten,
Die trösten uns in allen Nöten:
Hachus, † Maccus, † Baccus † die heiligen Wort
Behüten uns vor schlimm Wetter an allem Ort.
        S. auch: Preuß. Sprichw., No. 64.

## Auf dem Hühnerhof.

Setzt man eine Henne, eine Gans oder eine Ente zum Brüten, so hat man, soll die Brut gedeihen, die Eier in einer Männermütze, am besten in einer heimlich weggenommenen, in das Nest zu tragen. (Angerburg. Königsberg.)

Im Samlande nimmt man dazu eine Pelzmütze, weil sich aus den Eiern »behaarte« Tiere entwickeln sollen. Man legt nun ein Ei nach dem andern in's Nest und spricht jedesmal:

        Glatt 'rön, ruuch 'rut!
Glatt hinein, rauch heraus! –

In Masuren wird bei dieser Gelegenheit das Nest dreimal bekreuzt und dabei der Segen ohne Amen gesprochen. Unter das Nest legt man einen Stahl, damit bei etwaigem Gewitter die Brut nicht betäubt werde. In andern Gegenden legt man Stecknadeln in's Nest, damit recht viele Küchlein auskommen, und läßt, um nicht die Brut der Gans zu verderben, keine Blumen an sie bringen. (Pr. Pr.-Bl. XXVII, S. 241.)

Zu einem segensreichen Gedeihen der Brut trägt wesentlich auch der Stand des Mondes bei: man setze die Brut nie in abnehmendem, sondern stets in zunehmendem oder vollem Lichte.

Sind die kleinen Geschöpfe aus dem Ei gekrochen, so bestreiche man nach einigen Tagen ihre Köpfchen mit Schwefel oder Teer – dann nimmt die Krähe keines. – In der Wehlauer Gegend schneidet man den jungen Gänsen, ehe man sie zum ersten Male auf die Weide läßt, die Spitzen der Schwanzfedern ab, zündet dieselben an und hält dann die jungen Gänschen in einem Siebe über den aufsteigenden Rauch. Man hat auf diese Weise sie gegen jedes Unglück gesichert. Im Samlande (Rauschen) besengt man die Tierchen überhaupt, legt sie in ein Sieb und zu ihnen drei Steine. Mit diesen trägt man sie hinaus, schüttet es aus dem Siebe und wirft den ersten Stein nach rechts mit den Worten:

Dat öff fer 'm Storch!

Der zweite Stein wird nach der linken Seite geworfen mit den Worten:

Dat öff fer de Kreeg!

Der dritte Stein wird geradeaus geworfen und dabei gesprochen:

Dat öff fer 'm Hafke!

Gewöhnlich schüttet man die junge Brut, wenn man sie zum ersten Mal in's Freie läßt, durch eine Männerhose, einen Frauenrock oder ein Hemde – es verläuft sich dann keines der Tierchen, alle bleiben vielmehr hübsch beisammen.

*(Samland. Dönhoffstädt.)*

Dann nimmt man drei Steine (s. oben), wirft diese in die Höhe und ruft:

Hutsch ha! Hutsch ha, du Kreegefoot!
Frett Klut' on kleene Stehen'
On lat mi mine Entkes (Gänsekes etc.) alleen!

Oder man nimmt so viel Stückchen Sprock (dürres Reisig) oder Holz, als man Brut hat, wirft diese Stückchen in die Höhe und ruft:

> Hutsch ha! Hutsch ha, du Kreegefoot!
> De Gessele (Entkes etc.) fer mi
> On de Spröck'le fer di!

Tut man solches, so nimmt die Krähe kein Junges. Doch kann der ganze Zauber gestört werden, wenn in dem Hause, zu welchem die Brut gehört, während der Handlung ein Messer auf Töpferzeug geschärft wird. *(Samland.)*

In der Gegend von Angerburg wird die junge Brut, bevor sie in's Freie gelassen wird, geräuchert. Zu diesem Zwecke wird ein Teil des Nestes in einen Topf gelegt, in dem sich ein Rauchfeuer befindet, auf welches man auch etwas Schießpulver schüttet. (Im Dönhoffstädt'schen legt man noch Schrot hinein.) Sodann errichtet man aus mehreren Steinen eine Art Brücke, unter welcher man die Brut in's Freie laufen läßt. Die Steine wirft man rückwärts über sich, dabei sprechend:

> Das ist für die Krähe! Das ist für den Habicht!
> Das ist für den Wolf! Das ist für den Iltis!

Durch diese Handlung werden Tiere gegen die genannten Räuber geschützt.

In der Gegend von Marggrabowa wird die junge Brut bei ihrem ersten Ausgange durch einen Tonnenreifen gesetzt, damit sie von der Weihe verschont bleibe.

Zum Schlusse dieses Abschnittes sei noch angeführt, daß Hühner gut legen, wenn man sie am Silvesterabend mit weissen Erbsen füttert. (Samland.) Im Kreise Goldap nimmt man am ersten Weihnachtsfeiertage und am Neujahrstage einige Hände voll Erbsen in der Tasche zur Kirche mit und rührt dieselben während des Segens dreimal um. Heimgekehrt, füttert man Enten, Gänse, Hühner etc. damit, was deren Fruchtbarkeit fördern soll. (An den genannten Tagen – oft schon beim ersten Hahnenschrei – füttert man dort zu gleichem Zwecke sämtliches Vieh mit ungedroschenem Getreide oder mit Körner aller Art.) – In Masuren schüttelt man am Silvesterabend den Grenzzaun und spricht dabei: Die Eier sind für uns, und das Krakeln für euch! Die Folge davon ist, daß die Hühner des Nachbarn auf dem Hofe des Sprechenden die Eier legen und auf dem ihres Herrn krakeln gehen.

*(Töppen, S. 66.)*

In Littauen bewirkt man eine gute Brut dadurch, daß man, wenn man im Frühlinge zum ersten Mal wilde Gänse fliegen sieht, sofort auf der Stelle, wo man steht, emsig die Erde zusammenscharrt und diese in den Gänsestall trägt.

### Unter den Bienen.

Beim Schwärmen werden die Bienen durch folgende Zauberformeln gebannt:

1. Im Namen Gottes etc.
   Bienchen, Bienchen weise (Weisel),
   Sollst nicht weiter reisen,
   Setze dich auf Korn und Gras,
   Füll' deinem Herrn Korb und Faß!          *(Elbing.)*
Weisel = Königin?

   2. Ihr Spurbienen und ihre Weiserbienen,
      Jetzt stecht ihr mich, nachher stech' ich euch!

*(Oberland.)*

3. Hörst du Grimm und Grauen, du sollst dich setzen an das Gras, tragen Honig und Wachs zu Mariä Wachslicht. Im Namen etc.

*(N. Pr. Pr.-Bl.a. F. XI, S. 157.)*

4. Am Karfreitag nehme man einen Teller Schrotmehl vor Sonnenaufgang und segne die Bienenstöcke, während man um dieselben herumgeht und das Mehl in den Bienengarten streut, mit folgendem Spruch:

Ihr Bienen und Königinnen, setzt euch auf eures Herrn Acker und Wiesen, wie es der Herr Christus geboten, zum Sammeln von Wachs und Honig.

Danach wird dreimal das Kreuz geschlagen: Im Namen etc. mit Amen. *(Töppen, S. 102.)*

Den Bienen wird von dem Tode ihres Besitzers nicht nur Anzeige gemacht, sondern man gibt ihnen auch Trauer, indem man an jeden Korb oder Stock ein schwarzes Läppchen befestigt. Unterließe man dies, so würden die Bienen aussterben*). *(N. Pr. Pr.-Bl. I, S. 398.)*

---

*) Gleiche Meldung macht man auch dem Vieh in den Ställen, indem man hineinruft: »Der Wirt ist gestorben!« (Marggrabowa.) Auch die Bäume, die der Verstorbene gepflanzt, schüttelt man und ruft ihnen die Trauerbotschaft zu.

# Im Freien.

## Auf dem Acker.

Die richtige Bestellung des Ackers, d. h. eine solche, welche jede Zaubermacht fern hält, ist eine sehr schwierige Sache. Wir sahen bereits zu Anfang unserer Darstellung, wie eifrig die bösen Nachbarn bestrebt sind, den Segen auf dem Acker des Nächsten zu mindern, und lernten auch einige der Mittel und Wege kennen, durch welche und auf welchen man solchem Zauber begegnet. In dem Nachfolgenden soll nun gezeigt werden, wie man »mit Gottes Hilfe« und etwas teuflischer Praxis sich den Segen seines Ackers sichert.

Dünger muß bei zunehmendem Lichte gefahren werden und muß der erste Haufen sofort auseinander gestreut werden, damit nicht der Wurm in's Getreide komme.

*(Töppen, S. 91.)*

Der Acker darf zum ersten Mal nicht im Zeichen des Skorpions und Krebses gepflügt werden – die ganze Wirtschaft würde rückwärts gehen und der Acker keinen Ertrag liefern. Auch soll in diesen Zeichen nicht gesäet und gepflanzt werden. Gut sind Stier, Löwe, Jungfrau, Schütze. – Kommt der Pflüger vom Felde zurück, so muß er mit Wasser begossen werden, damit die Saat gut gedeihe.

*(Samland.)*

Wenn es einem Landmanne gelingt, Zwillingskälber (eine sehr selten vorkommende Geburt) groß zu ziehen, und mit diesen Tieren die Grenzen seiner Besitzung zu umpflügen, so bringt ihm das großen Segen und Reichtum.

*(Königsberg.)*

Wie bereits früher angegeben, hält man die Nacht für die

126

geeignetste Zeit zur Aussaat; doch säet man nicht bei Mondwechsel, weil dann der Samen sich ändert, z. B. aus Wrukensamen Senfsamen wird. *(Töppen, S. 91.)*

Am Sonntage vor dem Säetermin nimmt die Hausfrau oder auch der Hausherr den Plon, d. h. den letzten Erntestrauß*), in die Kirche mit, damit er dort gesegnet werde. Am Abende vor der Aussaat wird er ausgedroschen, dann wird Knoblauch, Quecksilber und Asa foetida zu einem Teig geknetet. Dieser Teig, die Körner aus dem Plon und ein Geldstück, gewöhnlich ein Silbergroschen, werden zusammen in einen Zipfel des Säelakens gebunden. Streut nun der Sämann die erste Handvoll Samen aus, so spricht er:

Es säet der Säende, der dreimal neun Erntende! Im Namen etc.

Mancher nimmt auch wohl Sand in die Hand und wirft ihn auf den Acker des Nachbarn mit den Worten: Das ist für dich! Auf seinen Acker wirft er darauf die Saat, sprechend: Das ist für mich! Solches muß dreimal geschehen, wenn es wirken soll, auch muß dabei das Vaterunser gebetet werden.

*(Angerburg.)*

In der Gegend von Marggrabowa bindet man in den Zipfel des Säelakens Salz und einen Silbergroschen, damit das Getreide gedeihe; in manchen Ortschaften um Dönhoffstädt legt man das Geld hinein, damit das Getreide einen guten Preis bekomme. In Lubainen knüpft man (Töppen, S. 92) Brot und Salz, in Hohenstein Silberstückchen, Brot, Salz und Fenchel, des Gedeihens wegen in's Sälaken; daß auch Knoblauch und Teufelsdreck als Schutzmittel gegen das Behexen hinzugetan werden, ist oben S. 15 bereits gesagt.

Von besonderm Segen wird die Aussaat begleitet, wenn das Säelaken von einem nicht konfirmierten Mädchen gewebt worden ist. Ein solches Laken leiht niemand fort, er würde dadurch den Segen fortgeben.

*(Töppen, S. 91.)*

---

*) Siehe S. 16.

An andern Orten streut man die Körner des Erntekranzes zuerst in den Acker (N. Pr. Prov.-Bl. III, S. 473 und IV, S. 54); auch mengt man die in den Zwölften gebrannte Asche in's Saatgetreide und wirft den Samen in's Kreuz auf den Acker, indem man spricht: Im Namen Gottes des Vaters, des Sohnes und des heiligen Geistes! – dann wird die Ernte gut schütten. (N. Pr. Pr.-Bl. X, S. 116, Nr. 158.) Das gleiche erfolgt, wenn man die Saat, bevor man sie ausstreut, mit drei Händen voll Erde vom Acker des Nachbarn mischt.

*(Töppen, S. 92.)*

Gegen die Vögel sichert man die Aussaat durch ein kleines Opfer. Beim Roggensäen wirft man drei Hände voll aus, sprechend: Die erste Hand für den Herrn (Gott), die zweite für mich, die dritte für die Vögel! – Um Weizen und Gerste vor dem Vogelfraße zu sichern, wirft man eine Handvoll Saat von sich weg für die Vögel.

*(Töppen, S. 93.)*

Soll der Segen der Aussaat dem Hause bleiben, so muß der Säende den ersten Rücken (das erste Beet) nach dem Hause zu gehend besäen.

Wer in einer Gemeinde am letzten zusäet, baut das beste Getreide. Manche Wirte lassen daher absichtlich einen Rücken unbesäet, bis alle Nachbarn die Aussaat beendet.

*(Goldap.)*

An der Stelle, wo der letzte Roggen ausgesäet ist, breitet man ein Bund Stroh auf dem besäeten Acker aus. Andere tun solches vor dem Säen und stellen den ersten Scheffel Saatroggen auf das Stroh und nicht auf die »kahle« Erde, damit eben nicht kahle Felder und leere Ähren entstehen möchten, sondern reiche und volle. *(Goldap.)*

Wenn man Weizen säen will, so stellt man den Sack, in welchem sich die Aussaat befindet, verkehrt auf den Acker, so daß er auf dem zugebundenen Ende steht, und spricht dabei:

Weizen, ich stell dich auf das Band,
Gott schütze dich vor Tresp' und Brand!
Im Namen etc. *(Wehlau.)*

128

Wenn der Säemann einen Rücken oder auch nur ein Stück Acker unbesäet läßt, so stirbt er in dem Jahre.

*(N. Pr. Pr.-Bl. III, S. 473.)*

Das Gedeihen der Aussaat wird in Frage gestellt, wenn in der Saatzeit Feuer verborgt oder Aschlauge gemacht wird; ja man vermeidet in dieser Zeit die Wäsche überhaupt.

*(Töppen, S. 92.)*

Im Kreise Goldap wird bei der Ernte aus der letzten Garbe ein Ährenbündel geflochten, welches von dem Mäher, der den letzten Sensenzug getan, an der Sense befestigt heimgetragen und der Wirtin überreicht wird. Aus dem Büschel wird eine Krone geflochten und diese über den Tisch gehängt, später werden die Körper ausgerieben und unter das Saatkorn für's erste Säetuch gemischt. Das Stroh dieses Ährenbüschels wird auf dem Felde zur Hälfte an der Sense abgeschnitten, in drei Teile geschnitten und auf den Acker gestreut mit den Worten: Das ist zu Trespe, das ist zu Schmeele, das ist zu Unkraut! Damit will man, da das Ausgestreute ohne Frucht bleibt, andeuten, es möge das Genannte auf dem Acker ausbleiben und nur reines Getreide wachsen.

Beim Einfahren des Roggens nimmt einer der Knechte von drei Grenzscheiden drei Feldsteine, trägt sie mit den ersten drei Garben schweigend vor dem ersten Fuder her und legt Steine und Garben zuerst in's Fach – das hilft gegen den Mäusefraß.

*(Goldap.)*

Als Mittel gegen *Mäuse* und *Ratten* schreibt man am Nikasius-Tage (14. Dezbr.) an alle Türen den Namen des Heiligen. (N. Pr. Pr.-Bl. X, S. 119, Nr. 201.) Es wirkt dies Mittel sowohl bewahrend als vertreibend.

In Allenburg vertreibt man Ratten und Mäuse am Jsaias (6. Juli) durch folgende Bannformel:

Ihr Ratzen und Mäuse, schert euch aus dieser Scheune
Heraus, heute ist der Tag des heiligen Jsaias!

Die Raupen werden in Masuren durch folgende Formel gebannt:

Herr, allmächtiger Gott, der du diese elende Welt geschaffen, alles Geflügel und Gewürm und zuletzt den Menschen. Du gabst ihm Willen und Verstand und Gedächtnis, auf daß er sich enthalte aller (bösen) Taten auf Erden. Du sandtest uns diesen Sohn aus der Höhe, auf daß er den Menschen belehrte über alles Tun. Gib, lieber Gott, daß dieses Gewürm, die Raupen, dem lieben Gott ein so großer Ekel sein möchten wie ein Mensch, welcher am Sonntag die Kühe hütet und nicht zur Kirche geht.

*(Töppen, S. 50.)*

In Littauen räuchert man die Raupen fort und spricht dazu eine Zauberformel. Die N. Pr. Pr.-Bl. III, S. 471, erzählen, wie auf diese Weise ein Kohlfeld von unzähligen Raupen gesäubert worden ist. Die Formel hat der Einsender jedoch nicht erfahren können. Auch wird als wirksames Mittel gegen Raupen der Sand vom letzten Grabe angewandt, den man schweigend und ohne sich umzusehen über die Pflanzen streut.

Der *Hagel*, dieser gefährliche Feind der Saaten, kann durch Wäscherinnen herbeigerufen werden, welche Wäsche, die am Sonnabend gewaschen wurde, unter freiem Himmel mit dem sogenannten Waschholze klopfen.

*(N. Pr. Pr.-Bl. VI, S. 232, Nr. 144.)*

Vor Hagelschlag (Gewitter und Viehsterben) bewahren die Johannisfeuer, welche man an vielen Orten Preußens und Littauens noch am Abende vor Johanni anzündet.

*(N. Pr. Pr.-Bl. VI, S. 228, Nr. 109).*

In Masuren wird der Hagel auf folgende Weise beschworen: Die Hagelwolke anschauend, mußt du dich segnen im Namen Gottes etc.; dann sprich das Vaterunser und darauf dies Gebet:

O ihr schändlichen Hagelwolken, es befiehlt euch Christus der Herr, der Mann Gottes, durch mich seinen unwürdigen Diener, ihr sollet hinwegziehen nach andern wüsten Orten und dort zerstieben, auf daß ihr

130

den Dörfern, den Gärten, den Feldern keinen Schaden tut durch Gottes Macht und mit des Sohnes Gottes und des heiligen Geistes Hilfe! *(Töppen, S. 46.)*

### Der Hirte.

Dem Landmanne ist das Vieh der kostbarste Teil seines Besitzes – das Gedeihen seiner Rinder, Schafe und Schweine ist ihm Herzenssache, und der Verlust eines Pferdes geht ihm oft mehr nahe als der Tod eines Familiengliedes*). Kein Wunder daher, daß der Bauer die Sorge für sein Vieh, neben der Sorge für den Acker, seine Hauptsorge sein läßt; kein Wunder, daß ihm der Führer seines Viehes, der Gemeindehirte, eine sehr wichtige, ja vielleicht die wichtigste öffentliche Persönlichkeit des Dorfes ist – was auch schon aus dem Umstande hervorgehen dürfte, daß er, wohl allgemein in der Provinz, der *Burgemeister* genannt wird**).

Ein guter Hirte muß mehr können, als das Vieh treu bewahren – er muß es verstehen, die Herde gesund und beisammen zu halten; ihm muß es ein Leichtes sein, dem Wolf den Rachen zu verschließen und dem Zauberer den Mund; er muß die feindlichen Kräfte der Natur zu beschwören, Krankheiten zu heben, bösen Zauber zu bannen wissen – er der Wissende unter den Dummen, der Weise unter den Toren.

---

*) Vergl. Preuß. Sprichw., Nr. 261 und 947.

**) Seine Bedeutung ist infolge der fast völlig durchgeführten Separationen, wodurch die gemeinsamen Weiden aufgehört und das gemeinschaftliche Hüten des Viehes zur Unmöglichkeit geworden, gegenwärtig in starker Abnahme begriffen; ja in vielen Gegenden hat der Dorfhirte bereits aufgehört oder steht, das Gnadenbrot essend, auf dem Aussterbe-Etat. Um so gerechtfertigter dürfte es erscheinen, Wesen und Bedeutung der Wirksamkeit eines *guten Hirten,* wie sie aus den Volksüberlieferungen sich feststellen lassen, in ein Bild zu fassen, das der Vergangenheit und Gegenwart entnommen, hinüberdauerte in die Zukunft.

Der Hirte von altem Schrot und Korn ist einmal der Führer und Wächter seiner Herde und sodann ihr Arzt. In letzter Eigenschaft haben wir ihn bereits kennen gelernt; denn er ist es, der, wenn ein Stück Vieh erkrankt ist, mit seinen Zaubersprüchen und Bannformeln als rettender Helfer herbeigerufen wird. Wir haben also hier nur noch den Hirten als Leiter und Beschützer seiner Herde zu betrachten.

Als solcher kann er uns unmöglich in dem »ewigen Gleichmaß« seiner täglichen Beschäftigung interessieren – er treibt heute wie gestern seine Rinder auf die Weide und führt sie am Abende in die Ställe zurück; wohl aber ist von hervorragender Bedeutung der *erste Tag des Austreibens der Herde,* welche wichtige Handlung in manchen Gemeinden (Superintendentur Gerdauen) sogar Gegenstand kirchlicher Fürbitte ist. (Hitz, S. 11.) – Daß dieser Tag auch von ihm, dem Hirten, in richtiger und würdiger Weise eingeleitet und vorbereitet werde; daß der erste Schritt der Tiere in's Freie ein geweihter sei, durch den sie gegen Raubtier und bösen Zauber für das ganze Jahr gefeit werden: das ist die erste, ja heilige Sorge eines Hirten, der kein Mietling ist.

Der Tag des ersten Austreibens ist nicht in allen Gegenden der Provinz derselbe. Gegenwärtig wird dessen Wahl vorzugsweise wohl von der Witterung abhängig gemacht, doch hält man auch heute noch bestimmte Tage als für dieses wichtige Werk besonders gesegnete.

Als ein solcher gilt der Sonntag Oculi (im März). Da das Evangelium dieses Sonntages von der Austreibung des Teufels handelt (Luc. 11, 14–28.), so vermag an diesem Tage niemand durch des Teufels Hilfe, Macht und Ränke dem Nächsten »Schabernack« am Vieh oder in der Wirtschaft zu tun. Das Vieh kann am leichtesten behext oder verrufen werden, wenn es zum ersten Male die Stallschwelle überschreitet: man treibt es daher am sichersten an dem genannten Sonntage aus, an welchem eben jedes Teufelswerk unmöglich ist. Das Austreiben geschieht nach beendigtem Gottesdienste. Der Besitzer geht nach Schluß der Kirche zum Hirten und spricht:

Jesus trieb einen Teufel aus,
So treib' ich meinen Hirten aus!
Der Hirte nimmt hierauf die ihm entgegengeführte Herde mit folgenden Worten in Empfang:
Jesus trieb einen Teufel aus,
So treib' ich meine Herde aus!

und zieht mit ihr hinaus nach dem Weideplatze zur feierlichen Einsegnung derselben, treibt dann zu den Grenzmarken und zurück in den Stall. Knechte, Mägde und solche Personen, welche beim Treiben behilflich gewesen, werfen sich gegenseitig in die Gräben oder werden bei der Heimkehr mit Wasser begossen, damit die Kühe recht viele Milch geben.

*(Samland.)*

Andere für das erste Austreiben günstige Tage sind Mariä Verkündigung (25. März), der St. Georgstag (23. April) und Walpurgis (1. Mai). In Masuren war es, als es noch Gesamthütungen gab, Regel, das Vieh zu Mariä Verkündigung, und wenn auch nur auf eine Stunde auszutreiben. (Töppen, S. 36.) – Der St. Georgstag ist überhaupt für den Hirten ein Tag von Bedeutung. Liegt sein Dorf nahe an einem Walde, oder seine Weide gar in dem Walde, so fastet er an diesem Tage, damit der Wolf, St. Georgs Reitpferd, seine Herde verschone. (N. Pr.- Pr.-Bl. X, S. 118, Nr. 184.) – Der 1. Mai gilt in einigen Gegenden als ein unheilvoller Tag: der Hirte treibt an ihm das Vieh nicht aus, weil es sonst vom Wolfe gefressen werden würde. (A. a. O. Nr. 185.)

Günstige *Wochentage* für das erste Austreiben sind Montag, Mittwoch und Freitag.

*(Donhoffstädt.)*

Gewöhnlich geht der Hirte, bevor er das Vieh zum ersten Male austreibt, zum heiligen Abendmahle, wenigstens besucht er die Kirche. Bei dieser Gelegenheit setzt er sich in Besitz von Graberde, Kirchensand und Glockenfett. Letzteres nimmt er aus der Klöpfel-Öse einer Kirchenglocke. Früher schon beschaffte er sich Zwölften-Asche, Teufelsdreck (asa foetida),

Kerbel, Tarant*) und Kreuzholz, d. h. Holz von einem Grab-
kreuze. Die Zwölften-Asche wird in der Zeit der Zwölften (25.
Dezbr. bis 6. Januar) gewonnen, welche Zeit in dem Hause eines
guten Hirten genau »gehalten« werden muß: – es darf in derselben nicht gesponnen, nicht gemangelt, d. h. Wäsche mittelst
einer Rolle geglättet, nichts geliehen werden, sonst kommt der
Wolf in die Herde. Auch darf in diesen Tagen der Dünger nicht
aus dem Stalle und vor allem der Kehricht nicht aus der Stube
geschafft werden, vielmehr wird er unter das Bette gefegt und
nach Beendigung der Zwölften zu Asche, der eben genannten
Zwölften-Asche, verbrannt, welche sorgfältig aufbewahrt wird.

Diesen ersten Vorbereitungen schließt sich die Instandset-
zung des Hornes, der Kuhglocken und der Klappern an. Das
aus der Kirche geraubte Glockenfett wird unter Teer gemischt,
und mit dieser Mischung werden Horn, Glocken und Klappern eingeschmiert. Der Teer muß jedoch aus den Rädern
eines Wagens kreuzweise entnommen werden – also: linkes
Vorder-, rechtes Hinterrad, rechtes Vorder-, linkes Hinterrad –,
wenn er Wirkung ausüben soll. Die also vorbereiteten Glocken
und Klappern werden später dem »leckerigten« Vieh umge-
hängt, welches vorzugsweise Neigung hat, sich von der Herde zu entfernen.

Durch diese Vorbereitungen ist das Vieh gebannt; denn wie
die Räder des Wagens in ihrer Bewegung beisammen bleiben
und nicht nach allen vier Richtungen hin entlaufen: so hält
auch das Vieh zusammen, das mit dem Teer der Räder einge-
schmierte Glocken trägt; es hält um so inniger zusammen, als
diese auch mit dem Fette der Kirchenglocke gesalbt sind. Läßt
diese ihr Geläute vernehmen, so mischt es sich mit dem Ton
der Kuhglocken, die eine antwortet der andern, und alle bin-

---

*) Nach Grimm, Deutsche Sagen, 2. Aufl. I, S. 71: Marrubium vul-
gare; nach Ruppius Sonntagsblatt, Jhrg. 1867, S. 68, in dem Artikel:
»Federzeichnungen aus Mecklenburg«, Campanula latifolia; nach
Wuttke, der deutsche Volksaberglaube, 2. Aufl. S. 100: Antirrhinum,
Linaria arvensis; oder auch Gentiana Pneumonanthe. Vgl. Gegen
Verrenkung, S. 93.

det der heilige Klang. Ertönt derart einend die Kirchenglocke nicht, so läßt nötigenfalls der Hirte sein Horn erschallen, das ja ebenfalls das Fett der geweihten Glocke enthält und somit auch deren Wirkung übt.

Doch noch ein wichtiges und für den echten Hirten hoch wesentliches Geschäft ist zu besorgen, bevor das Vieh ungefährdet ausgetrieben werden kann: es müssen die Land- und Grenzmarken besucht oder, in der Sprache des Hirten, es muß *Markungsumgang* gehalten werden. Derselbe geschieht in der Regel tags oder, besser noch, nachts vor dem Austreiben des Viehes, und zwar in aller Stille. Der Hirte rüstet sich aus mit den bereits früher erwähnten Stoffen: er nimmt neun Hände voll Erde von einem Grabe, je drei Hände voll Erde von drei Maulwurfshügeln, ebensoviel Zwölften-Asche, dann Kerbel, asa foetida, Tarant, Kreuzholz und Kirchensand; letzterer muß aber vor dem Altare gelegen haben. Alles dieses wird untereinander gemischt und auf dreimal so viel Teile, als Grenzhügel der Gemeinde vorhanden sind, verteilt; jeder Teil wird in einen Totenlappen – ein Stück von dem Linnen, womit eine Leiche abgewaschen worden ist – gelegt. Mit diesen Bündelchen ausgerüstet, hält der Hirte seinen Umgang und legt in jeden Grenzhügel drei derselben. Ob er dabei beschwörende Worte spricht, hat sich nicht feststellen lassen, doch dürfte dies anzunehmen sein. Die Weide ist nun gefeit: das Vieh geht schlimmstenfalls bis zu den Grenzhügeln, wagt sich aber nicht über diese Marken hinaus. Überschreitet es dennoch einmal die Grenze, so ist dies ein sicheres Zeichen, daß ein feindlich gesinnter Genosse einen »Schabernack« gespielt, der oft so mächtig wirkt, daß das Vieh überhaupt nicht mehr zusammenzuhalten ist*). – Das ruhige Beisammenbleiben der Herde kann

---

*) So ging es einmal dem Hirten E. in Klycken, Kirchspiels Heil. Kreuz. Er hatte stets um die Mitternachtsstunde seinen Markungsumgang gehalten und auch sonst genau alle Zeichen und Vorschriften getan, die ein guter Hirte für nötig erachtet, um sein Vieh zusammenzuhalten. Es war ihm solches auch stets geglückt, bis mit einemmale seine Tiere die Grenzmarken nicht mehr re-

der Hirte auch dadurch befördern, daß er die Kohlen seines Waldfeuers stets sorgsam zusammenscharrt.

*(Rosenheyn, Reiseskizzen II, S. 95. Töppen, S. 97.)*

Wir haben bis jetzt uns mit den Vorbereitungen für den Tag des ersten Austreibens beschäftigt, wenden wir uns nunmehr diesem wichtigen Tage selbst zu. Mit dem Morgengrauen erhebt sich der Hirte vom Lager; er beginnt sein Werk, durch »Teufelsspuk« vorbereitet, als guter Christ mit einem Aufblikke zu Gott.

> Mein Werk will ich mit Gott anfangen
> Und meinem Herrn Jesu Christ etc.

Diesen Liedervers singt er in stiller Andacht. Schweigend geht er aus in's Dorf, schweigend nimmt er die einzelnen Stükke der Herde in Empfang, schweigend treibt er sie hinaus zur Weide und kehrt mit derselben ebenso schweigend am Abende heim: – er blieb den Tag hindurch stumm, um auch dem Wolf den Mund zu schließen, der nun kein Stück seiner Herde nehmen kann. Dieses große, ernste Schweigen darf jedoch von den feierlichen Reden unterbrochen werden, welche zum Besten der Herde zu halten sind. Da hat er denn noch vor seinem Ausgang ein Vorhängeschloß (Knippschloß, wie es die Leute nennen) mit den Worten abzuschließen:

---

spektierten – es war als zöge eine geheime Macht sie über dieselben hinaus. Unser E. war mit seiner Kunst zu Ende und wandte sich Hilfe suchend an einen benachbarten Genossen, der als ein mächtiger Zauberer bekannt war. Für einen Taler sagte dieser seine Hilfe zu und versprach, über Nacht E.'s Grenzmarken zu untersuchen. Als am nächsten Morgen E. sein Vieh austrieb, lehnte der alte Meister am Hecktor und rief: »Naber, du sallst ok sehne, wo di de Schawernack gespeelt öff, de Boll ward et di wiese!« Und als nun der Bulle an das Hecktor kam, fing er an heftig zu brüllen, rannte brüllend vorwärts und hielt erst an dem Grenzhügel von Plautwehnen, Kirchspiels St. Lorenz; hier begann er eifrig zu scharren. Als die beiden Hirten dem Tiere nachkamen, scharrte es eben alte Lumpen aus der Erde, welche einen furchtbar stinkenden Stoff enthielten, den die Hirten nicht kannten. E. mußte das Vorgefundene verbrennen, und von Stund an fraß sein Vieh wieder ruhig und überschritt nicht mehr die Grenzmarken.

136

Hans, öck verschlut di dat Muul!

Mit dem Namen *Hans* bezeichnet er den Wolf; denn ein rechter Hirte nennt den Wolf nicht beim Namen, er kennt sehr wohl das Sprichwort: Wenn man den Wolf nennt, dann kommt er. Das Schloß steckt er von draußen unter eine Latte seines Daches, unter das er nun vor Abend nicht mehr treten darf, und hier bleibt dasselbe, bis im Herbste ausgehütet ist*). Auch durch diese Zeremonie soll dem Wolfe der Rachen geschlossen und es ihm unmöglich gemacht werden, ein Stück der Herde zu zerreißen.

Hat der Hirte die Herde beisammen und nähert er sich mit derselben dem Ausgangs-Hecktore, so legt er in den Torweg den Klingerstock und eine Axt kreuzweise übereinander. Über beide muß alles Vieh schreiten und ist dadurch, eben weil es über Stahl gegangen, gegen alles Behexen gesichert. Ist das Vieh hinüber, so nimmt der Hirte den Klingerstock zur Hand, die Axt jedoch schlägt er in den Torpfahl, wo sie bis zum Sonnenuntergang stecken bleiben muß.

Jetzt ist die Weide erreicht. Der Hirte steckt den Klingerstock, in welchem er oft eine oder mehrere (bis neun) vom Abendmahlstische entwendete Hostien versteckt hat, inmitten der Herde in den Boden**), hängt seine Mütze darauf, umgeht

---

*) Als äußerster Termin für den Schluß des Hütens wird in vielen Gegenden der Provinz der Katharinentag (25. Novbr.) angesehen. Erlauben schöne Herbsttage ein weiteres Austreiben des Viehes, so wird der Hirte dafür besonders bezahlt. (N. Pr. Pr.-Bl. X, S. 119, Nr. 200.)

**) Man erzählt von alten Hirten, welche ihr Vieh auf die Weide trieben und sich alsdann wenig um dasselbe kümmerten. Sie steckten den Klingerstock in den Boden und gingen ihrer Wirtschaft nach oder gar in's Wirtshaus. Das Vieh aber weidete ruhig um den Klingerstock und entfernte sich nicht. Das Volk staunte das Wunder an, wagte aber nicht, sich dem geheimnisvollen Klingerstock zu nahen; denn es war allgemein bekannt, daß wer denselben berühre, verkrummen und verlahmen müsse. Einen solchen Klingerstock hat dennoch einmal eine mutige Hand erfaßt, ohne daß sie verlahmte. Aber o Wunder! Ein leises Singen ertönte und vernehmlich klang es: »Heilig ist unser Gott etc.«, und ohne Aufhören tönte der Gesang

137

die Herde dreimal und streut segnend auf sie Zwölften-Asche, Graberde und Kirchensand (in der Gegend von Wehlau: Totensand, d. h. Sand vom Begräbnisplatze). Es soll durch diese Handlung symbolisch angedeutet werden, daß wie die Christen vom Tische des Herrn nicht früher sich entfernen, als bis sie mit dem Brote des Lebens gespeist sind, so solle auch das Vieh auf der Weide grasend beisammen bleiben, bis der Hirte die erquickte Herde nach Hause führt.

Ist die Herde segnend bestreut, so kniet der Hirte neben den Klingerstock nieder und betet:

Ich treib' mein Vieh zur grünen Heid',
Gott der Vater hat mich geleit't,
Gott der Sohn hat mich erlöset,
Gott der heilige Geist hat mich geheiligt!
Wer größer ist als diese drei,
Der komm' heran
Und greif' mich an!
Im Namen etc.


Darauf spricht er zur Herde gewendet:

Min Veehke, gah grase
Dorch Hüscher
On Büscher,
Dorch Wölder,
Awer nich dorch Földer!
Im Namen etc.

---

fort. Der Stock wurde zum Pfarrer gebracht, die Herde folgte. Der Stock aber erwies sich hohl, und in der Höhlung steckte eine heilige Hostie. Nachdem diese entfernt war, sang es nicht mehr im Stokke, auch hatte dieser seine Kraft verloren. – Dem Hirten Sch. in Schlakalken, Kirchspiels St. Lorenz, sagte man nach, daß er vom Tische des Herrn eine Hostie entwendet habe. Doch ereilte ihn die Strafe für diesen Frevel: er verkrüppelte. – Hirten, welche mit Hilfe einer geweihten Hostie ihr Geschäft versehen, finden in der Todesstunde nicht eher Ruhe, als bis ihr gotteslästerliches »Hottieg« (Hützezeug): der Klingerstock oder die Feitsche, verbrannt ist. *(Dönhoffstädt.)*

Die Andacht ist beendet, das Vieh ist aus derselben entlassen und geht nunmehr seinem einzigen Geschäfte nach.

Um den Zauber, den der Hirte ausgeübt, nicht zu stören, haben die im Dorfe Zurückgebliebenen mancherlei Vorschriften zu beobachten. In allen Haushaltungen, welche Vieh bei der Herde haben, wie in der des Hirten, darf an dem ersten Austreibetage nicht gesponnen und nicht gehaspelt, nicht gewaschen und nicht gebacken werden, es darf kein Dünger aus den Ställen geschafft, nichts auf den Zaun gehängt werden, soll das Vieh nicht Schaden nehmen. Auch darf die Frau des Hirten an diesem Tage nicht eher Feuer anmachen, als bis der Gatte mit der Herde heimgekehrt ist; der Hirte bleibt also bis dahin ohne Speise. Befolgt sie diese Vorschriften nicht genau, so hat ihr Mann mit der Herde Mißgeschick.

*(Samland.)*

Im Kreise Goldap wird beim ersten Austreiben in den Torweg des Ausganges eine Axt und ein Schloß gelegt, über welche die Herde hinwegzuschreiten hat. Ist dies geschehen, so geht der Hirte dreimal betend (besprechend, segnend) um die Herde und verschließt das Schloß, welches erst am Tage Allerheiligen (1. Novbr.) geöffnet wird. Hierdurch soll sowohl dem Wolfe als auch den Zauberern der Mund geschlossen werden.

In der Gegend, welche den »kleinen Umkreis auf der Landstraße zwischen den Städten A – g. und G – p.« (Angerburg und Goldap) umfaßt, läuft an dem Tage des ersten Austreibens der Hirtenjunge von Haus zu Haus, klopft an die Fenster und ruft: »Löscht das Feuer aus, spinnt nicht, haspelt auch nicht, sondern treibt das Vieh hinaus!« Der Hirte hat unterdessen aus der Kirche Sand besorgt, den er auf den Weg streut, welchen das Vieh in's Feld ziehen soll. In den Torweg legt er eine Holzaxt mit der Schärfe nach dem Felde, über welche er alles Vieh hinübertreibt. Er geht voran, spricht kein Wort, läßt die Herde durch die Hirtenjungen zusammenhalten, macht allerlei Kreuze, betet, dann segnet er das Vieh und hierauf treibt er es in's Feld. Die Axt im Torwege soll bedeuten: Der Wolf soll die Herde so fliehen, wie er die Schärfe einer Axt flieht. Der Sand aus der Kirche soll bedeuten: Wie die Menschen in der Kirche friedlich nebeneinander sitzen, auch in guter Ordnung aus der Kirche gehen, so soll auch das Vieh auf der Weide sich beisammen halten, auch friedlich langsam vom Felde nach Hause ziehen. (Vom Aberglauben etc. Pr.- Pr.-Bl. VIII, S. 186 f.)

Wird das Vieh zum ersten Male ausgetrieben, so legt man vor die Schwelle des Stalles eine Axt, über welche es hinwegschreiten muß, während der Treibende den Segen und das Vaterunser ohne Amen spricht. Oft legt man neben die Axt auch ein Tischtuch, wodurch bewirkt wird, daß das Vieh stets gut nach Hause kommt. – Gehen die Pferde zum ersten Male auf die »Nachtzeche«, so müssen sie über eine Sense schreiten. Diese wird hierauf im Dache über dem Pferdestall oder irgendwo im Stalle so lange aufbewahrt, bis die Pferde wieder eingestallt werden. Kommt man mit dem Vieh zum ersten Mal auf dem Felde an, so muß man niederknien und ebenfalls das Vaterunser ohne Amen beten. Diese Handlung schützt gegen den Wolf.

*(Angerburg.)*

In manchen Gegenden Masurens (Hohenstein) spricht an dem Tage des ersten Austreibens die Frau des Hirten am Heck knieend, allerlei Gebete (Töppen, S. 97); in andern Gegenden dieser Landschaft wird das Vieh von den Eigentümern auf das Feld getrieben. Hier stellen sie sich um die Herde, während der Hirte die Einsegnung derselben vollzieht. Nur im Falle seiner Unkenntnis wird eine wissende Person, gleichviel ob Mann oder Frau, dazu berufen.

Der Segnende steckt seitwärts der Herde seinen Stab in die Erde und setzt, da die Handlung barhaupt geschehen muß, Hut oder Mütze auf denselben. Alsdann umgeht er langsamen Schrittes und mit gefalteten Händen dreimal die Herde. Beim ersten Umgange wird das Vaterunser ohne Amen, beim zweiten die nachfolgende Zauberformel und beim dritten Umgange das Vaterunser mit dem Amen gesprochen.

Die Formel lautet:

Ich treibe das Viehchen auf ein grünes Wieselein aus unter die Hand des Herrn Jesu. Heiliger Georg, heiliger Nicolaus, heiliger Antonius, nehmet einen Zaum und einen Halfter und zäumet den Wolf und die Wölfin auf im grünen Hain, wo die Vöglein singen, damit dieser Wolf und die Wölfin die Stimme (des Viehes) nicht hören und meiner Herde keinen Schaden zufügen. – Im roten Meere liegt ein Stein, der Herr Jesus Christus, der Sohn Gottes, sitzt darauf. Ich, der getaufte N. N. (die getaufte N. N.), bitte Gott den Vater, den Sohn Gottes, den heiligen Geist und die Mutter Gottes, daß sie den Tieren des Feldes und des Waldes verbieten, dieselben über dreimal neun Grenzen hinwegschicken und sie von meiner Herde abwenden möchten. Und wenn jemand mir etwas Böses zufügen wollte, so möge dies ihm selbst widerfahren. Sollten jemals andere Hirten an meine Herde herantreiben, so mögen sie unserm Vieh nimmermehr den Geschmack rauben. Wenn ich mit dem Gesinde mich zum Essen niedersetze, so möge mein Vieh zusammenbleiben und fressen – durch die Macht Gottes des Vaters, durch die Hilfe des Sohnes und des heiligen Geistes!

Nach Beendigung des Umganges schließt der Segnende ein Vorhängeschloß zu und übergibt es den Eigentümern der Herde, welche es im Dache bis zum Eintritt des Winters aufbewahren. Alsdann wird es geöffnet, denn die Sicherheit des Stalles macht den weitern Verschluß des Wolfsrachens unnötig. Nach beendeter Zeremonie wird für diesen Tag das Vieh sofort nach Hause getrieben*).

In Natangen trägt, und dies gehört mit zu den Vorbereitungen auf den oft genannten wichtigen Tag, am Ostertage der

---

*) Nach Mitteilungen des Hrn. Rektor Gerß in Gr. Stürlack, welche mir durch die Güte des Herrn Tribunalrates Dr. R. Reusch zugestellt sind.

Hirte lange Ruten in die Häuser, mit welchen das Vieh beim Ausjagen getrieben wird. Es soll hierdurch die stets gute Wiederkehr des Viehes bewirkt werden; der nächste Zweck jedoch, den der Hirte mit dieser Rutengabe verfolgt, ist die Erlangung eines Ostergeschenkes, das ihm auch stets gereicht wird. *(N. Preuß. Pr.-Bl. X, S. 118, Nr. 183.)*

Gleiches geschieht in Masuren am zweiten Weihnachtsfeiertage, wobei der Hirte seine Kalende einsammelt. Jede Hausfrau zieht, die Finger mit der Schürze bedeckt, eine der Birkenruten hervor, legt sie zunächst auf den Tisch, trägt sie dann auf den Boden und steckt sie dort in das vorrätige, gedroschene Getreide, wo sie bis Mariä Verkündigung (25. März) stecken bleibt. An diesem Tage, an welchen, wie oben angegeben, das Vieh dort zum ersten Male ausgetrieben wird, zieht sie die Rute heraus, geht ohne sich aufzuhalten oder zu sprechen (damit nachmals das Vieh nicht stehen bleiben und brülle, sondern ohne Aufenthalt in den Stall gehe) nach dem Stalle und treibt das Vieh hinaus, während der Hausvater mit der Axt ein Kreuz vor der Stalltür macht und die Axt dann an die Schwelle legt. *(Töppen, S. 96.)*

---

Mit der Kohle, die man in der Johannisnacht unter den Wurzeln des Beifußes gefunden, bestreicht man ein Stück Vieh, das man zu Markte führen will, tags zuvor – es erhält dadurch auf 48 Stunden ein feistes, stattliches Ansehen.

*(Dönhoffstädt.)*

Wenn man das Vieh zu Markte treibt, so spricht man; um die Käufer anzulocken und festzuhalten:

Ich treib' und trab' dich über die Schwell',
Der Heilige ist mein Gesell'!
Wer mich anredet und meine Ware angreift, der ist
auch mein,
Der soll und muß der Kaufmann sein,
Der muß es kaufen ohne Ruh und Rast,
Bis er meine Ware in seinen Händen faßt!

*(Neudorf bei Graudenz.)*

142

Gegen die *Läuse* des Viehes wendet man in Masuren folgende Besprechungsformel an:

Ich bin zu dir gekommen, du stummes Vieh, damit der Herr Jesus selbst von dir die Läuse entferne durch Gottes Macht und des Sohnes Gottes und des heiligen Geistes Hilfe. Vater unser etc.

Bei dieser Besegnung muß man mit einem Feuerstrahl dreimal von jeder Seite vom Kopfe nach dem Schwanze des Viehes hinwegfahren. (In andern Texten steht Blähsucht statt Läuse. Töppen, S. 46.)

### Der Jäger.

Zehnmal kam er leer nach Haus,
Zehnmal geht er fröhlich wieder aus.
Mancher Gang,
Wenig Fang.

Der Jäger kommt bei dem von ihm erlegten Wild schwer über die Zehn. Er hat daher alle Ursache, durch Zauberkniff sich zu einem unfehlbaren Schützen zu machen. Durchschießt er eine geweihte Hostie, so sitzt in Zukunft jeder Schuß aus dem betreffenden Gewehre.

Wird die Zündröhre eines Gewehres mit dem Blute des eben erlegten Wildes bestrichen, so trifft der nächste Schuß sicher.

Schrotkörner, Rehposten etc. aus einem erlegten Tier treffen wieder.

Fällt dem Jäger beim Laden des Gewehres ein Schrotkorn vorbei, so trifft der Schuß nicht.

Wer dem Jäger Glück wünscht, ist Ursache, daß er nichts schießt. *»Brich Hals und Bein!«* ist der *redlich* gemeinte Glückwunsch.

Wenn der Hund auf dem Wege zur Jagd »in die Jagd oder den Jäger sch..ßt«, d. h. den Hintern dem Jagdrevier oder dem Jäger bei Verrichtung der Notdurft zugekehrt hat, so kommt der letztere zu keinem Schuß. »Kullert«, d. h. wälzt sich jedoch

143

der Hund auf dem Wege zur Jagd, so kann der Jäger mit Bestimmtheit auf Glück rechnen.

### Der Fischer.

Die alten Fischer blicken mit heiliger Scheu auf die Ostsee und führen sie stets als Masculinum in die Rede. *Er treibt Köpfe!* heißt es, wenn die Haufenwolken aus der See aufsteigen und den nahenden Sturm verkünden. Die Spiegelglätte der See verschwindet, in weiter Ferne zeigen und verlieren sich kleine schäumende Wellchen – *er bleckt, spielt die Zähne.* Bald erhebt sich die türmende Woge, und während sie den Badenden mächtig daniederzuschlagen versucht, zieht sie ihm zurückweichend den leichten Sand unter den Füßen weg – *es ist glupsch, falsch.* Das Getöse der aufgebrachten Flut ähnt dem Todesbrüllen eines Ertrinkenden – *er rahrt.* Hält endlich die hohe See lange an, so sagt der Fischer bedenklich – *er muß doch noch nicht ganz rein sein!* denn die See kann Leichen in sich nicht leiden und hört nicht eher zu toben auf, bis sie dieselben alle ausgeworfen hat.

*(Pr.-Pr.-Bl. XXVI, S. 429.)*

Das Evangelium am 5. Sonntage nach Trinitatis (Luc. 5, 1–11) handelt von Petri reichem Fischzuge. Bevor über dieses Evangelium nicht gepredigt ist, gewährt nach der Ansicht und Erfahrung der samländischen Fischer der Fischfang nur einen geringen Ertrag.

Am Johannistage und an den nächstfolgenden Tagen fahren die samländischen Fischer nicht in See, weil, wie sie behaupten, das Meer dann hohl gehe und ein Opfer fordere. Ebenso halten sie es auch für verderbenbringend, am Sonntage auf Fischfang auszuziehen.

*(v. Tettau und Temme, S. 278.\*)*

---

\*) Für die Schiffer ist der Sonntag ein guter Tag, weshalb an diesem Tage die meisten Schiffe in See gehen. Dagegen gilt der Frei-

144

Wenn die Kinder der Fischer, oder die Fischermädchen die Suter**) an die Angelhaken stecken, so dürfen sie dabei nicht essen, weil sonst die Fische nicht anbeißen würden. Quält sie der Hunger, so müssen sie die Arbeit verlassen und beiseite gehen, um zu essen.

Beim Aufstecken der Suter spricht man folgende Formel:

So veel Angelkes ön e Sand,
So veel Föschkes op em Strand,
So veel Käppkes, so veel Zägelkes
On Oogkes noch e mal so veel!

Beim Einsenken der Angeln spricht der Älteste des Bootes, indem er die Mütze abnimmt:

Te Dösch, te Dösch!
De lewe Gottke bescher ons jedem tige Schock Fösch!

Fahren die Fischer in die See hinaus, um die Angeln zu heben, so darf auf der Fahrt das Gespräch nicht auf den Pfarrer oder Geistlichen überhaupt kommen, weil sonst der Hund (Seehund) die Fische fressen würde. Sind die Angeln in's Boot gehoben, so spricht der Älteste, indem er wieder das Haupt entblößt:

Gott si Dank
For dem wedderem Fank!

Das als Adjektiv gebrauchte *wedderem* = wiederum, soll ausdrücken: Für den Fang, den wir wiederum gemacht haben.

Die vorstehend erzählten Gebräuche beziehen sich vorzugsweise auf die Fischer der samländischen Nordküste; allgemein gilt wohl der Brauch, den Köder, bevor man ihn auswirft, dreimal zu bespucken.

---

tag den Schiffern als ein Tag, der Mühe und Unglück bringt; es laufen deshalb an diesem Tage Schiffe ungern aus dem Hafen. (Alt-Pillau.)

**) *Suter, Sutter,* m., gem. Sandaal (Ammodytes Tobianus). Er findet sich sehr häufig an der samländischen Ostseeküste und wird als Köder benutzt.

145

Die Fischer in Masuren fangen bei Neumond unter dem Zeichen des Fisches ihre Netze zu stricken an und legen, wenn sie fischen, etwas Kehricht in's Netz; das bringt Glück.

*(Töppen, S. 102.)*

Daß die Fischer auch heute noch sich geweihter Hostien zur Beförderung des Fanges bedienen, ist mir nicht bekannt geworden. Früher geschah es. Hennenberger führt nach Grunau, Trakt. XII, Cap. 13, folgendes Beispiel an: »Da lehrete ein Jude einen armen Fischer, er sollte eine Consecrirte Ostien in Holtz spünden und mit an das Garn hengen, so würde er viel Fische fangen und reich werden, und dis geschah auch.« (Erklerung der Preuß. größ. Landtaffel etc. Kgsbg. 1595. S. 431.)

# Vom Liebeszwang.

Die Gegenliebe eines geliebten Wesens zu gewinnen, gibt es gar mannigfache Mittel, unschuldiger und diabolischer Natur.

Nimmt man zum heiligen Abendmahle eine Blume mit und wischt mit dieser nach dem Genusse des Weines den Mund, so erhält die Blume die Kraft, den Begehrten (die Begehrte) dauernd in Liebe zu fesseln, wenn er (sie) die Blume annimmt.

Will man sich die Gegenliebe eines geliebten Wesens verschaffen, so muß man ihm heimlich in Speisen oder Getränk einen Tropfen des eigenen Blutes beibringen. Das Mittel wirkt unfehlbar.

Läßt man einen Apfel oder eine Semmel, welche man in den Kleidern bei sich trägt, vom Schweiße des Körpers betaut werden und bietet die Frucht oder das Gebäcke dem Begehrten des andern Geschlechts an, so bindet man diesen an sich, wenn er Apfel oder Semmel verzehrt.

Wünscht ein Mädchen einen jungen Mann an sich zu fesseln, so muß sie, trifft sie ihn einmal sich die Hände waschend an, ihm ihre Schürze oder ihr Taschentuch zum Abtrocknen geben. Benutzt er das Dargereichte, so kann er sie nimmer lassen, sondern muß ihr stets nachgehen.

Zu gleichem Ziele gelangt sie, wenn sie ein seidenes Halstuch einschwitzt, es darauf zu Zunder verbrennt und ihm davon in Speisen oder Getränken zu genießen gibt. Es genügt auch, wenn nur die Bänder der Schürze verbrannt werden und der so gewonnene Zunder in der angegebenen Weise verwandt wird.

Kann man von dem Haupte des Mädchens, das man begehrt, drei Haare bekommen, so klemme man diese in eine Baumspalte, so daß sie mit dem Baume verwachsen müssen – das Mädchen kann dann nicht mehr von einem lassen.

Ein Mädchen vermag dagegen eine Mannsperson sehr leicht an sich zu fesseln, wenn sie ihm in die Stiefel pinkelt.

Sieht man im Frühjahre zwei Frösche im Begattungsakte, so durchsteche man sie mit einer Nadel, und stecke diese unvermerkt in das Kleid des Mädchens, das man gerne haben möchte; sie wird alsdann sicher des Betreffenden Braut, resp. Frau. In Masuren heftet man, wenn auch nur auf einen Augenblick, die eigenen Kleider mit den Kleidern der Geliebten zusammen. *(Töppen, S. 88.)*

Hirschbrunst oder Hirschtrüffel in Bier eingegeben wirkt Wollust erweckend und führt den Begehrten herbei.

Man schieße eine Eule und koche sie in der Mitternachtsstunde. Alsdann suche man aus ihrem Kopfe zwei Knöchelchen, welche wie Hacke und Schaufel gestaltet sind und im Volksmunde auch diese Namen führen. Das Übrige von der Eule vergrabe man unter die Traufe. Wünscht man nun ein Mädchen für sich zu gewinnen, so darf man sie nur heimlich mit der Hacke berühren: sie ist »festgehakt«; wünscht man jedoch, sie wieder los zu sein, so darf man sie nur mit der Schaufel berühren, sie fällt alsbald von dem Geliebten ab. Letzteres Resultat erreicht man auch, wenn man dem Mädchen heimlich die Bänder der Schürze abschneidet und andere annäht.

Wenn man da, wo es niemand hören kann, dreimal laut den Namen der geliebten Person ruft, so zwingt man sie dadurch, an den Rufenden zu denken.

(Das bisher Mitgeteilte ist im Samlande üblich.)

Bestimmte Tage sind dem Liebeszwange besonders günstig; es sind dies *Johann* (24. Juni), *Andreas* (30. November) und *Sylvester* (31. Dezember).

Am *Johannisabend* streut man in der Gegend von Angerburg einen beliebigen Samen in die Erde und spricht dabei:

Ich streu' meinen Samen
In Abrahams Namen,
Diese Nacht mein Feinslieb

148

Im Schlaf zu erwarten,
Wie er geht und steht,
Wie er auf der Gasse geht!
Vergl. Müllenhof, S. 518, Nr. 37 – Oder man streut Leinsa-
men in's Bett und spricht:
Ich säe Leinensamen
In Gottes Jesu Namen,
In Abrahams Garten
Will ich mein Feinslieb erwarten!

*(N. Pr. Pr.-Bl. X, S. 119, Nr. 195.)*

Beide Formeln bewirken es, daß der Bräutigam im Traume
erscheint.

Am *Andreasabende* streut man eine Handvoll Hafer und
Leinsaat unter sein Kopfkissen und spricht dazu:
Hafer und Lein, ich säe dich,
Heil'ger Andreas, ich flehe dich:
Laß mir im Traum erschein'n
Heute den Liebsten mein,
Wie er geht, wie er steht,
Was er im Herzen trägt!

In Ermangelung von Hafer oder Lein stößt man dreimal mit
den Füßen an das untere Ende des Bettes und spricht:
Bettlad', ich trete dich,
Heil'ger Andreas ich bitte dich:
Laß mir im Traum etc.
Nun träumt man von dem Liebsten. *(Königsberg.)*

Im Samlande brauchen die Mädchen auch folgende Formel:
Heil'ger Andreas, ich bet' dich an,
Du brauchst eine Frau und ich einen Mann;
Laß du mir im Schlaf erschein'n,
Wer mein Geliebter soll sein!

Der *Sylvesterabend* ist vorzugsweise geeignet zur Entscheidung der Frage, ob man im Laufe des neuen Jahres heiraten
werde und zur Ermittelung des künftigen Bräutigams.

149

Ob sie im kommenden Jahre überhaupt heiraten werde, kann ein Mädchen sehr leicht erfahren. Sie gehe um Mitternacht in den Schafstall und greife, natürlich im Finstern, ein Schaf. Ist das ergriffene Tier ein Mutterschaf, so wird aus der Heirat nichts; ergriff sie jedoch einen Hammel oder gar einen Bock, so kommt die Heirat sicher zu Stande.     *(Samland.)*

Nach den N. Pr. Prov.-Bl. VI, S. 218, Nr. 40 tut ein Gänsestall dieselben Dienste; natürlich ist in diesem Falle ein Ganter der Heilverkünder.

Zieht man in der Mitternachtsstunde eine Handvoll Stroh aus dem Dache und zählt die Halme einzeln, so heiratet man im kommenden Jahre, wenn die Zahl gerade ist; ist sie ungerade, so muß man sterben. (Ermland. N. Pr.Pr.-Bl. VI, S. 218, Nr. 42.)

Im Samlande bedient man sich zu gleichem Zwecke eines Armes voll Holz.

Das Mädchen zieht sich am Silvesterabend in ihre Kammer zurück, deckt dort für zwei Personen und setzt sich allein zu Tisch. Wird dann um 12 Uhr angeklopft, so kann sie im nächsten Jahre sicher auf einen Bräutigam rechnen. (N. Pr. Pr.-Bl. VI, S. 218, Nr. 46.)

Oder sie tritt mit zwei brennenden Lichten in den Händen vor den Spiegel und ruft dreimal den Namen des Jünglings, den sie im Herzen trägt. Sieht sie dann im Spiegel sein Bild, so wird er nach ihr freien; sonst aber grinst der Teufel ihr über die Achseln. (Samland. N. Pr. Pr.-Bl. VI, S. 219, Nr. 47.)

Aus welcher Gegend der Bräutigam kommen wird, läßt sich sehr leicht ermitteln, wenn das Mädchen in der Mitternacht in Begleitung eines Hundes an einen Zaun geht, diesen schüttelt und dabei spricht: »Tuunke, öck schedder di!« Der Hund fängt an zu bellen, und nach welcher Gegend er dabei sieht, aus der kommt der Bräutigam. Oder sie schlägt mit einem Waschholz an den Zaun und merkt auf, aus welcher Gegend zuerst Hundegebell ertönt.     *(Samland.)*

Wer der Bräutigam sein wird, kann das Mädchen in der Silvesternacht ebenfalls mit Leichtigkeit erfahren.

Um die Mitternachtsstunde stellt sich das Mädchen nackt

auf den Herd und sieht durch die Beine in den Schornstein oder in's Ofenloch, dort erblickt sie den ihr bestimmten Bräutigam. – Geht sie um Mitternacht auf einen Kreuzweg, so wird sie dort dem ihr bestimmten Bräutigam begegnen.

Stellt sich das Mädchen mittags an's Fenster und ißt Äpfel, so ist der, welcher dann zuerst vorbeikommt, der ihr bestimmte Bräutigam.

Das Mädchen deckt am Silvesterabend einen Tisch in der Nebenstube ihres Schlafzimmers und stellt ein Glas Wein, ein Glas Bier und ein Glas Wasser hinauf. Des Morgens sieht sie nach, aus welchem Glase getrunken ist. Fehlt Wein, so bekommt sie einen reichen Mann, fehlt Wasser, so bekommt sie einen armen Schlucker, fehlt Bier, so wird ihr Mann zwischen beiden die Mitte halten.

Man schreibt drei Namen auf verschiedene Zettel, steckt sie in einen Strumpf und legt diesen unter das Kopfkissen. In der Nacht greift man in den Strumpf, zieht einen Zettel heraus und erfährt durch ihn den Namen des bestimmten Bräutigams.

(Das bisher Mitgeteilte ist Gebrauch im Samlande. N. Pr. Pr.-Bl. VI, S. 218, 219.)

Beim Schlafengehen streut man Hafer und Leinsamen unter das Kopfkissen und spricht:

> Ich säe Hafer und Lein!
> Wer mein Geliebter (Geliebte) soll sein,
> Komme im Traum und erschein':
> Wie er geht,
> Wie er steht,
> Wie er in die Kirche geht!

Die geliebte Person erscheint im Traume.        *(Samland.)*

Will man wissen, von welcher Gestalt der Geliebte sein wird, so geht man um Mitternacht ohne Licht in den Holzstall und zieht eine Klobe Holz aus dem Holzstoße. Nach der Gestalt der herausgezogenen Klobe richtet sich auch die Gestalt des künftigen Liebsten. Ist sie z. B. krumm, so wird er verwachsen sein. (Samland, N. Pr. Pr.-Bl. VI, S. 218, Nr. 41.)

Ebenso wichtig ist der Silvesterabend zur Entscheidung der

151

Frage, ob ein Liebespärchen im Laufe des kommenden Jahres Hochzeit machen werde.

In eine Schale mit Wasser träufelt man zwei Tropfen Lichttalg oder Wachs. Einer dieser Tropfen stellt den Bräutigam, der andere die Braut dar. Kommen sie schwimmend zusammen, so gibt's im neuen Jahre Hochzeit. Man pflegt auch kurze Wachskerzchen in ausgeleerte halbe Wallnußschalen zu setzen. Kommen diese Schiffchen, noch während die Lichtlein brennen, zusammen, so heiratet das Brautpaar. *(Samland.)*

Das Mädchen reitet auf einem Besen bis an die Tür des Pferdestalles und horcht. Wiehert ein Pferd, so kommt sie mit ihrem Schatz im neuen Jahre in die Ehe; hört sie dagegen die laute Blähung eines Pferdes, so muß sie im kommenden Jahre Kindtaufe geben, ohne einen Mann zu haben. *(Samland.)*

Die Braut legt beim Zubettgehen ein Gesangbuch unter das Kopfkissen. In der Nacht kneift sie ein Ohr in ein Blatt und sieht am Morgen nach, wo das Zeichen steht. Hat es ein Hochzeitslied getroffen, so gibt's unfehlbar Hochzeit im Laufe des Jahres; traurig jedoch wäre es für die Braut, wenn sie ein Totenlied bezeichnet hätte – sie würde im Laufe des neuen Jahres sterben.

Man geht unter das Fenster einer Stube, in welcher eine laute Unterhaltung gepflogen wird, und fragt: »Werde ich heiraten?« Erfolgt auf diese Frage zufällig ein Ja! als Antwort, so ist die Heirat sicher; hört man dagegen ein Nein! so wird nichts aus derselben.

Auch das in der Silvesternacht gegossene Zinn kann der Aussicht auf die Verheiratung sichere Bestätigung geben, wenn der Guß die Form eines Kranzes gewann; gestaltete er sich jedoch zu einem sargähnlichen Gebilde, so stirbt man.

Geht man in der Mitternachtsstunde dreimal rückwärts um's Haus und sieht nach beendetem Gange auf's Dach, so wird man im Laufe des neuen Jahres heiraten, wenn man einen Kranz erblickt. Gewahrt man dagegen einen Sarg, so stirbt man – einen Storch, so gibt's Kindtaufe – einen Hahn, so brennt das Haus ab. *(Samland.)*